北陸鉄道グループの車両たち

text&photo ■ 編集部（2021年7月1日現在）

JN091992

39-449（三菱2PG-MP38FM）
00年のノンステップバスから導入されたデザイン。現在は一般路線車全車に採用されている。
（写真1）

北陸鉄道グループの車両の概要

　北陸鉄道とグループ4社を合わせた2021年7月1日現在の保有車両数は、乗合498台（高速車・特急車・空港車・定観車含む）、貸切103台、計601台となっている。メーカー別に見ると、日野310台、三菱ふそう261台、日産ディーゼル24台、トヨタ6台で、日野・三菱を中心に車両が導入されている。

●一般路線車

　金沢都市圏には大型車を投入。70年代から前中4枚折戸の都市低床車が採用され、96年にワンステップバス、97年にノンステップバスの増備が開始された。00～07年には中型ロングタイプのノンステップバスも多数採用されている。使用路線に合わせ長尺・中尺・短尺タイプが選択され、室内仕様も1人掛け中心の都市型と2人掛け中心の郊外型がある。また「城下まち金沢周遊バス」には、レトロ調のカラーでハ

北陸鉄道グループの車両たち

26-316（日野QDG-KV290N1）
ブルーリボンは右燃料タンク。
「城下まち金沢周遊バス」は右
回りと左回りで異なる特別色。
（2）

27-748（日野PKG-KV234N2）
北鉄能登バスの復刻デザイン車
両。写真の60年代までのカラー
と赤帯カラーの２種類が登場。
（3）

217（日野LKG-KV234N3）
北陸加賀バスに合併された小松
バスの路線車。銀色と赤色のデ
ザインは01年に採用している。
（4）

イバックシートとフローリングの床を
備えた専用車両が運用されている。

　能登・加賀地方には中型車・小型車
を投入。いずれもノンステップで、日
野ポンチョは座席定員が多い１扉仕様
である。金沢都市圏から大型車や中型
ロングタイプが転属しており、21年に
は小松バスの車両を引き継ぎ、中型車
・小型車の中古購入も行われているな
ど、車種はバラエティに富んでいる。

　このほか、コミュニティバス用とし
て、２扉仕様やショートタイプのポン
チョ、リエッセなどが活躍している。

●高速車・特急車・空港車

　高速車は仙台線に中央トイレつき３
列シートのスーパーハイデッカー、名
古屋線・新潟線に後部トイレつき４列
シートのハイデッカー、白川郷・高山
線にトイレなし４列シートのハイデッ
カーを使用。いずれも着色ガラスの固

20-469（日野2RG-RU1ESDA）
69年に導入された赤帯カラーは
高速車で踏襲。名古屋線と新潟
線はトイレつき4列シート車。
（5）

30-464（三菱2TG-MS06GP）
トイレなし4列シートの特急・
空港車も赤帯カラーをまとう。
20年式からカラーLEDを装備。
（6）

36-319（三菱QTG-MS96VP）
定観バス「かなざわめぐり」専
用車。能登定観は扇カラーと赤
帯カラーの車両で運行される。
（7）

定窓が印象的な外装となっている。
　富山線の高速車、能登方面・加賀温
泉郷方面・白山麓方面の特急・急行バ
ス、小松空港リムジンバスはトイレな
し補助席つき4列シートのハイデッカ
ーで、T字型窓の外装となっている。

●貸切車・定観車

　北鉄グループで新車導入された貸切
車は16年式の一部を除いてハイデッカ
ーに統一。52～60人乗りのセミサロン
と汎用タイプのほか、27人乗りの大型
9m車も在籍する。一部が定観に転用
されており、金沢市内めぐり用のエア
ロクィーンは屋根を金色にしたオリジ
ナルデザイン、能登めぐり用のエアロ
エースは特急・急行バス運用にも就く
ため赤帯カラーに変更されている。

　小松バスから引き継いだ車両はすべ
てハイデッカー。52～59人乗りのセミ
サロンと汎用車、27人乗りの大型9m

北陸鉄道グループの車両たち

078（三菱2TG-MS06GP）
93年に定観ダブルデッカーに導入された扇カラー。現在は北鉄グループ共通の貸切色である。
（8）

081（三菱2TG-MS06GP）
北鉄白山バスに合併された北陸交通の貸切車。現在、扇カラーへの塗り替えが行われている。
（9）

042（三菱QTG-MS96VP）
北鉄加賀バスに合併された小松バスの貸切車。こちらも扇カラーへの変更が進められている。
（10）

車がある。北陸交通から引き継いだ貸車両は16年式以降がスーパーハイデッカー。52〜59人乗りのセミサロンと汎用車、27人乗りの大型9m車がある。

●社番解説

　北鉄グループの乗合登録車は「2桁数字－3桁数字」の社番を持つ。前段の十位はメーカーを示し、1が日産ディーゼル、2が日野、3が三菱だが、06年度以前の登録車は4〜9も使用し

て大型・中型・小型別に振り分けていた。前段の一位は西暦年式の下1桁、後段の3桁数字は通し番号（001〜200：貸切／201〜999：乗合）である。貸切登録車も同様だったが、21年に小松バス・北陸交通を合併した際、廃車予定の車両を除き、年式順の3桁数字に改番された。また小松バス引き継ぎの乗合登録車が3桁の同社社番のまま使用されているなど、例外も見られる。

81-601 （日デKK-RM252GAN） (11)　　84-880 （日デKK-RM252GAN） (12)

14-642 （日デKL-JP252NAN） (13)　　84-115 （日デPB-RM360GAN） (14)

16-791 （日デPB-RM360GAN） (15)　　87-702 （日デPB-RM360GAN） (16)

16-651 （日デPK-JP360NAN） (17)　　16-691 （日デPKG-RA274PAN） (18)

18-820 （日デPKG-AP35UP） (19)

02-944 （トヨタCBA-TRH229W） (20)

320 （トヨタCBF-TRH228B） (21)

00-941 （トヨタKK-HDB50） (22)

63-398 （トヨタSDG-XZB50） (23)

24-253 （日野SDG-XZB50M） (24)

27-708 （日野ADG-HX6JHAE） (25)

699 （日野ADG-HX6JLAE） (26)

28-783（日野BDG-RX6JFBA） (27)

28-824（日野BDG-HX6JLAE） (28)

29-389（日野BDG-HX6JLAE） (29)

29-421（日野BDG-HX6JLAE） (30)

22-954（日野SDG-HX9JLBE） (31)

25-312（日野SDG-HX9JLBE） (32)

23-988（日野SKG-HX9JLBE） (33)

29-454（日野2DG-HX9JHCE） (34)

29-423 （日野2DG-HX9JLCE） 　　(35)

29-442 （日野2DG-HX9JLCE） 　　(36)

23-203 （日野KK-RJ1JJHK） 　　(37)

902 （日野KK-RJ1JJHK） 　　(38)

22-290 （日野KK-HR1JEEE） 　　(39)

23-324 （日野KK-HR1JEEE） 　　(40)

23-409 （日野KK-HR1JEEE） 　　(41)

24-313 （日野KK-HR1JEEE） 　　(42)

23-286（日野KK-HR1JKEE） (43)

23-317（日野KK-HR1JKEE） (44)

24-789（日野KK-HR1JKEE） (45)

23-629（日野KL-HR1JNEE） (46)

25-349（日野PB-HR7JHAE） (47)

507（日野PB-HR7JHAE） (48)

66-019（日野PB-HR7JHAE） (49)

24-640（日野PK-HR7JPAE） (50)

512（日野PK-HR7JPAE）　　　　（51）

003（日野PDG-KR234J2）　　　　（52）

015（日野PDG-KR234J2）　　　　（53）

21-906（日野PDG-KR234J2）　　　（54）

22-938（日野SDG-KR290J1）　　　（55）

22-381（日野SDG-KR290J1）　　　（56）

23-386（日野SKG-KR290J1）　　　（57）

528（日野SKG-KR290J1）　　　　（58）

27-353 （日野SKG-KR290J2） 　　　(59)

29-432 （日野2KG-KR290J3） 　　　(60)

20-468 （日野2KG-KR290J4） 　　　(61)

25-106 （日野PJ-KV234N1） 　　　(62)

27-741 （日野PKG-KV234N2） 　　　(63)

21-928 （日野LKG-KV234N3） 　　　(64)

21-931 （日野LKG-KV234N3） 　　　(65)

21-935 （日野LKG-KV234Q3） 　　　(66)

22-974 （日野QPG-KV234N3）　　　(67)

320 （日野QPG-KV234N3）　　　(68)

23-239 （日野QPG-KV234N3）　　　(69)

24-251 （日野QKG-KV234N3）　　　(70)

22-962 （日野QPG-KV234Q3）　　　(71)

25-291 （日野QDG-KV290N1）　　　(72)

25-300 （日野QPG-KV290Q1）　　　(73)

27-360 （日野2DG-KV290N2）　　　(74)

27-367 （日野2PG-KV290Q2） (75)

20-459 （日野2PG-KV290Q3） (76)

87-097 （日野ADG-RU8JHAA） (77)

001 （日野ADG-RU1ESAA） (78)

038 （日野BDG-RU8JHAA） (79)

002 （日野PKG-RU1ESAA） (80)

020 （日野LKG-RU1ESBA） (81)

021 （日野SDG-RU8JHBA） (82)

23-996（日野QRG-RU1ASCA） (83)

024（日野QPG-RU1ESBA） (84)

048（日野QRG-RU1ESBA） (85)

056（日野QRG-RU1ESBA） (86)

060（日野QRG-RU1ESBA） (87)

087（日野2KG-RU2AHDA） (88)

085（日野2RG-RU1ESDA） (89)

34-257（三菱KK-ME17DF） (90)

94-209（三菱KK-ME17DF）　　（91）

35-283（三菱PA-ME17DF）　　（92）

35-425（三菱PA-ME17DF）　　（93）

37-318（三菱PA-ME17DF）　　（94）

33-289（三菱KK-MJ23HE）　　（95）

31-348（三菱KK-MJ26HF）　　（96）

33-956（三菱KK-MJ27HF）　　（97）

33-410（三菱KK-MK23HH）　　（98）

33-728 （三菱KK-MK23HH） (99)

33-981 （三菱KK-MK23HH） (100)

36-990 （三菱PA-MK25FJ） (101)

35-999 （三菱PA-MK27FH） (102)

36-383 （三菱PA-MK27FH） (103)

35-649 （三菱PA-MK27FM） (104)

37-470 （三菱TKG-MK27FH） (105)

36-664 （三菱PJ-MP35JM） (106)

36-668（三菱PJ-MP37JM） (107)

30-897（三菱PKG-MP35UM） (108)

30-885（三菱PKG-MP35UP） (109)

31-933（三菱LKG-MP35FP） (110)

33-242（三菱QKG-MP35FM） (111)

32-970（三菱QKG-MP35FP） (112)

33-234（三菱QKG-MP35FP） (113)

34-280（三菱QKG-MP35FP） (114)

36-347（三菱QKG-MP38FK）　(115)

35-302（三菱QKG-MP38FM）　(116)

65-072（三菱KL-MS86MP）　(117)

70-120（三菱PDG-MM96FH）　(118)

008（三菱BKG-MS96JP）　(119)

30-881（三菱BKG-MS96JP）　(120)

010（三菱LKG-MS96VP）　(121)

31-912（三菱LKG-MS96VP）　(122)

32-950 （三菱QRG-MS96VP） （123）

030 （三菱QRG-MS96VP） （124）

34-256 （三菱QRG-MS96VP） （125）

35-288 （三菱QRG-MS96VP） （126）

061 （三菱TDG-MM97FH） （127）

043 （三菱QTG-MS96VP） （128）

36-320 （三菱QTG-MS96VP） （129）

36-322 （三菱QTG-MS96VP） （130）

065（三菱2TG-MS06GP） （131）

067（三菱2TG-MS06GP） （132）

38-395（三菱2TG-MS06GP） （133）

38-397（三菱2TG-MS06GP） （134）

営業所別・車種別車両数

車種 / 営業所	日産ディーゼル 乗合	トヨタ 乗合	トヨタ 貸切	日野 乗合	日野 高速	日野 定観	日野 貸切	三菱ふそう 乗合	三菱ふそう 高速	三菱ふそう 定観	三菱ふそう 貸切	合計
金沢営業所				28	1		3	19	19			70
東部支所	2			21			1	9				33
南部支所	8			25			2	16	4		3	58
北陸鉄道	10			74	1		6	44	23		3	161
中央営業所				28	3	2	14	21	2	3	8	81
北部営業所				19			1	40			4	64
野々市営業所				22			2	29			1	54
北鉄金沢バス				69	3	2	17	90	2	3	13	199
輪島営業所		3	1	9			4	3	9		1	30
飯田支所	3			6				1	6			16
宇出津支所				5				4				9
穴水支所				7				5				12
北鉄奥能登バス	3	3	1	27			4	13	15		1	67
七尾営業所	1			18			4	5	1	3	5	37
羽咋営業所	1			8				3			3	15
富来車庫	3			3					2			8
北鉄能登バス	5			29			4	8	3	3	8	60
小松営業所				17			8	1			8	34
加賀営業所	4			6	1		5	1	1			18
北鉄加賀バス	4			23	1		13	2	1		8	52
本社営業所	2	2		28			9	5			16	62
北鉄白山バス	2	2		28			9	5			16	601
合　計	24	5	1	250	5	2	53	162	44	6	49	601

※高速車には特急車・空港車を含む

現有車両一覧表

NISSAN DIESEL

KK-RM252GAN(西工)
加 81-601 石 200 か 121 01 加○
白 82-617 石 200 か 919 02 本○
加 82-618 石 230 あ 618 02 加○
奥 84-880 石 200 か 673 (04) 飯○

KL-JP252NAN(西工)
能 14-642 石 230 あ 642 04 富○

PB-RM360GAN(西工)
奥 84-115 石 200 か 917 04 飯○
加 84-116 石 200 か 962 04 加○
能 16-791 石 200 か 427 06 七○
能 87-702 石 230 あ 702 07 羽○

PK-JP360NAN(西工)
加 16-650 石 200 か 785 06 加○
能 16-651 石 200 か 1034 06 富○

PKG-RA274PAN(西工)
能 16-691 石 200 か 466 06 富○
奥 16-692 石 200 か 467 06 飯○
白 16-693 石 200 か 468 06 本○

PKG-AP35UP(MFBM)
18-820 石 200 か 576 08 南○
18-821 石 200 か 577 08 南○
18-822 石 200 か 578 08 南○
18-823 石 200 か 579 08 南○
19-870 金 200 か 394 09 東○
19-871 石 200 か 640 09 南○
19-872 石 200 か 641 09 南○
10-889 金 200 か 406 10 東○
10-890 石 200 か 680 10 南○
10-891 石 200 か 681 10 南○

TOYOTA

CBA-TRH229W(トヨタ)
白 02-944 石 300 あ 168 12 本○
白 02-945 石 300 あ 169 12 本○

CBF-TRH228B(トヨタ)
奥 319 石 200 あ 319 16 輪○
奥 320 石 200 あ 320 16 輪○

KK-HDB50(アラコ)
奥 00-941 石 200 あ 250 (00) 輪○

SDG-XZB50(トヨタ)
奥 63-398 石 200 あ 338 (13) 輪□

HINO

SDG-XZB50M(トヨタ)
能 24-253 石 230 い 891 14 羽○
能 24-254 石 230 う 891 14 羽○

ADG-HX6JHAE(JBUS)
白 27-707 石 230 あ 707 07 本○
白 27-708 石 230 あ 708 07 本○
白 27-710 石 230 あ 710 07 本○

ADG-HX6JLAE(JBUS)
26-699 金 230 あ 1 06 金○
加 699 石 230 い 99 (06) 小○

BDG-RX6JFBA(JBUS)
白 28-781 石 230 あ 781 08 本○
白 28-783 石 230 あ 783 08 本○

BDG-HX6JLAE(JBUS)
白 28-824 石 230 あ 824 08 本□
29-829 金 230 あ 11 08 金○

29-853 金 230 あ 12 09 金○
29-854 金 230 い 3 09 金○
29-855 金 230 い 31 09 金○
能 29-389 石 200 か 1006 (09) 七○
能 29-421 石 200 か 1045 (09) 七○

SDG-HX9JLBE(JBUS)
22-954 金 230 あ 4 12 金○
白 25-311 石 200 か 894 15 本○
白 25-312 石 200 か 895 15 本○
白 26-326 石 230 あ 326 16 本○
白 26-350 石 200 か 947 16 本○

SKG-HX9JLBE(JBUS)
能 23-988 石 230 あ 891 13 羽○

2DG-HX9JHCE(JBUS)
白 29-454 石 230 あ 1901 19 本○

2DG-HX9JLCE(JBUS)
白 28-419 石 230 あ 1801 18 本○
白 28-420 石 230 あ 1802 18 本○
白 29-422 石 230 あ 422 19 本○
白 29-423 石 230 あ 423 19 本○
白 29-424 石 230 あ 424 19 本○
能 29-441 石 200 か 1074 19 七○
能 29-442 石 200 か 1075 19 七○
能 29-443 石 200 か 1076 19 七○
能 29-444 石 200 か 1077 19 七○
能 29-451 石 230 あ 4076 19 七○
能 29-452 石 230 あ 8945 19 七○
奥 20-467 石 200 か 1106 20 輪○
白 20-471 石 230 い 2001 20 本○
白 21-472 石 230 い 551 21 本○
白 21-473 石 230 あ 552 21 本○
白 21-474 石 230 あ 553 21 本○

KK-RJ1JJHK(日野)

能 23-203 石230 あ 203 (03) 羽○
加 902 石200 か 900 (03) 小○

KK-HR1JEEE(日野)
奥 22-290 石200 か 897 (02) 輪○
奥 23-323 石200 か 925 (03) 輪○
奥 23-324 石200 か 926 (03) 輪○
奥 23-409 石200 か 1038 (03) 飯○
奥 24-313 石200 か 913 (04) 穴○

KK-HR1JKEE(日野)
奥 23-286 石200 か 875 (03) 宇○
奥 23-317 石200 か 920 (03) 飯○
能 24-789 石200 か 308 04 七○

KL-HR1JNEE(日野)
能 23-627 石200 か 622 03 富○
加 23-628 石200 か 1078 03 加○
加 23-629 石200 か 1079 03 加○

PB-HR7JHAE(JBUS)
奥 25-349 石200 か 965 (05) 穴○
奥 25-983 石200 か 783 (05) 穴○
奥 25-984 石200 か 780 (05) 飯○
能 25-987 石230 あ 987 (05) 七○
加 501 石200 か 889 (05) 小○
加 507 石200 か 787 (05) 小○
加 508 石200 か 935 (05) 小○
奥 66-019 石200 か 1011 06 宇○
能 66-020 石200 か 1013 06 七○
能 26-216 石200 か 1096 06 羽○
加 622 石230 あ 622 06 小○

PK-HR7JPAE(JBUS)
奥 24-212 石200 か 1097 04 宇○
奥 24-637 石200 か 319 04 飯○
能 24-640 石200 か 332 04 羽○
加 512 石200 か 812 (05) 小○
能 26-216 石200 か 1096 06 羽○
能 26-653 石200 か 957 06 富○

奥 26-654 石200 か 1035 06 輪○
金 26-684 金200 か 22 06 中○

PDG-KR234J2(JBUS)
白 28-767 石200 か 534 08 本○
加 823 石230 あ 823 08 小○
能 29-834 石230 い 834 09 羽○
奥 20-874 石200 か 936 10 宇○
白 20-875 石200 か 654 10 本○
奥 20-876 石200 か 655 10 穴○
加 003 石200 か 912 (10) 小○
加 015 石200 か 964 (10) 小○
加 025 石230 あ 25 10 小○
加 126 石230 あ 126 11 小○
能 21-906 石230 あ 906 11 七○

SDG-KR290J1(JBUS)
白 21-936 石200 か 728 11 本○
奥 22-937 石200 か 731 12 穴○
加 22-938 石200 か 732 12 加○
能 22-381 石200 か 979 (12) 七○
奥 22-382 石200 か 980 (12) 穴○

SKG-KR290J1(JBUS)
加 227 石230 あ 227 12 小○
加 23-246 石200 か 825 13 加○
白 23-985 石230 あ 985 13 本○
能 23-986 石230 あ 986 13 七○
奥 23-386 石200 か 1004 (13) 穴○
奥 24-247 石200 か 827 14 飯○
能 25-282 石230 あ 282 15 七○
加 528 石230 あ 528 15 小○

SKG-KR290J2(JBUS)
奥 26-327 石200 か 948 16 穴○
奥 27-351 石200 か 976 17 飯○
白 27-352 石230 あ 352 17 本○
加 27-353 石230 あ 353 17 加○

2KG-KR290J3(JBUS)

奥 28-400 石200 か 1027 18 宇○
加 818 石230 う 818 18 小○
奥 29-430 石200 か 1067 19 輪○
奥 29-431 石200 か 1068 19 穴○
奥 29-432 石200 か 1069 19 輪○

2KG-KR290J4(JBUS)
白 29-453 石230 あ 453 19 本○
奥 20-468 石200 か 1107 20 輪○

PJ-KV234N1(JBUS)
金 25-106 金200 か 30 05 北○
金 26-665 金200 か 61 06 北○
能 26-666 石200 か 1123 06 富○
金 26-667 金200 か 64 06 北○
加 26-687 石200 か 1032 06 加○
能 26-688 石200 か 1051 06 七○
能 26-689 石230 あ 689 06 羽○

PKG-KV234N2(JBUS)
金 27-741 石200 か 514 07 野○
金 27-742 石200 か 515 07 野○
金 27-743 金200 か 257 07 中○
金 27-744 金200 か 258 07 中○
金 27-745 石200 か 1131 07 野○
能 27-746 石200 か 1129 07 七○
金 27-747 石200 か 1132 07 野○
能 27-748 石200 か 1130 07 七○
28-812 金200 か 355 08 東○
28-813 金200 か 356 08 東○
金 28-814 金200 か 350 08 中○
金 28-815 石200 か 839 08 野○
金 28-816 金200 か 800 08 中○
金 28-817 石200 か 584 08 野○
金 28-818 石200 か 585 08 野○
金 28-819 石200 か 586 08 野○
金 29-863 金200 か 395 09 北○
金 29-864 金200 か 396 09 中○
白 29-867 石200 か 1050 09 本○
29-868 金200 か 398 09 東○

29-869 金 200 か 399 09 東○
20-887 金 200 か 411 10 東○
20-888 金 200 か 412 10 東○
20-898 石 200 か 683 10 南○
金 20-899 金 200 か 413 10 中○

LKG-KV234N3(JBUS)

21-916 石 200 か 718 11 南○
金 21-917 金 200 か 460 11 中○
21-927 金 230 あ 1201 11 金○
21-928 金 200 か 463 11 金○
21-929 金 200 か 464 11 東○
21-930 金 200 か 465 11 東○
21-931 金 200 か 466 11 東○
加 217 石 200 か 988 (11) 小○

LKG-KV234Q3(JBUS)

金 21-918 金 200 か 461 11 北○
金 21-919 金 200 か 462 11 北○
白 21-935 石 200 か 719 11 本○

QPG-KV234N3(JBUS)

金 22-957 石 200 か 769 12 野○
白 22-958 石 200 か 843 12 本○
22-973 石 200 か 773 12 南○
22-974 石 200 か 774 12 南○
金 23-221 金 200 か 523 13 北○
金 23-222 金 200 か 524 13 北○
金 23-223 石 200 か 813 13 野○
金 23-224 石 200 か 814 13 野○
加 320 石 200 か 1061 13 小○
23-238 金 200 か 528 13 東○
23-239 石 200 か 815 13 南○
23-240 石 200 か 816 13 南○
金 24-260 金 200 か 559 14 北○
金 24-261 金 200 か 560 14 北○
金 24-262 金 200 か 561 14 北○
金 24-263 金 200 か 562 14 中○
金 24-264 金 200 か 563 14 中○
金 24-265 石 200 か 859 14 野○

金 24-266 石 200 か 860 14 野○
24-272 金 200 か 564 14 金○
24-273 金 200 か 565 14 金○
24-274 石 200 か 861 14 南○
24-275 石 200 か 862 14 南○

QKG-KV234N3(JBUS)

24-248 金 230 あ 1225 14 金○
24-249 金 230 い 1225 14 金○
24-250 金 230 あ 709 14 金○
24-251 金 230 い 709 14 金○

QPG-KV234Q3(JBUS)

金 22-959 金 200 か 493 12 中○
金 22-960 金 200 か 494 12 中○
金 22-961 金 200 か 495 12 中○
金 22-962 金 200 か 496 12 中○
22-963 石 200 か 770 12 南○
22-964 石 200 か 771 12 南○
金 22-965 金 200 か 772 12 北○
22-975 金 200 か 775 12 南○
22-976 金 200 か 497 12 金○
22-977 金 200 か 498 12 東○
金 23-225 金 200 か 525 13 中○
金 23-226 金 200 か 526 13 中○

QDG-KV290N1(JBUS)

金 25-291 金 200 か 600 15 中○
金 25-292 金 200 か 601 15 中○
金 25-293 金 200 か 602 15 中○
26-314 金 230 う 1225 16 金○
26-315 金 200 う 709 16 金○
26-316 金 200 え 709 16 金○
金 26-328 金 200 か 639 16 北○
金 26-329 金 200 か 640 16 中○
金 26-330 金 200 か 641 16 中○

QPG-KV290Q1(JBUS)

25-294 石 200 か 901 15 南○
金 25-295 石 200 か 902 15 野○

25-296 金 200 か 603 15 金○
25-297 金 200 か 604 15 金○
25-298 金 200 か 606 15 東○
25-299 金 200 か 606 15 東○
25-300 石 200 か 903 15 南○
25-301 石 200 か 904 15 南○
金 26-331 石 200 か 950 16 野○
金 26-332 石 200 か 951 16 野○
26-333 金 200 か 643 16 金○
26-334 金 200 か 644 16 金○
25-335 金 200 か 645 16 東○
26-336 石 200 か 952 16 南○

2DG-KV290N2(JBUS)

金 27-359 金 200 か 685 17 中○
金 27-360 金 200 か 686 17 中○
金 27-361 金 200 か 687 17 中○
金 27-362 金 200 か 688 17 北○
28-387 石 200 か 1008 18 南○
28-388 石 200 か 1009 18 南○
29-440 金 200 か 768 19 金○

2PG-KV290Q2(JBUS)

金 27-363 石 200 か 995 17 野○
27-364 金 200 か 689 17 金○
27-365 金 200 か 690 17 金○
27-366 金 200 か 691 17 東○
27-367 金 200 か 692 17 東○
27-368 石 200 か 996 17 南○
27-369 石 200 か 997 17 南○
金 28-401 金 200 か 727 18 北○
金 28-402 金 200 か 728 18 北○
金 28-403 石 200 か 1028 18 野○
金 28-404 石 200 か 1029 18 野○
28-405 金 200 か 729 18 金○
28-406 金 200 か 730 18 金○
28-407 金 200 か 731 18 東○
28-408 金 200 か 732 18 東○
金 28-411 金 200 か 738 18 中○
金 28-412 金 200 か 739 18 中○

金 28-413 金200 か 740 18 中○
金 28-414 金200 か 741 18 中○
　 28-415 金200 か 743 18 金□
　 28-416 金200 か 744 18 東○
　 27-417 石200 か1040 18 南○
　 27-418 石200 か1041 18 南○
金 29-433 金200 か 765 19 北○
金 29-434 金200 か 766 19 北○
金 29-435 石200 か1070 19 野○
金 29-436 石200 か1071 19 野○
　 29-437 石200 か1072 19 南○
　 29-438 石200 か1073 19 南○
金 29-439 金200 か 767 19 東○

2PG-KV290Q3(JBUS)
金 20-455 金200 か 786 20 中○
金 20-456 金200 か 787 20 北○
金 20-457 石200 か1103 20 野○
　 20-458 金200 か 788 20 東○
　 20-459 石200 か1104 20 南○
　 20-460 石200 か1105 20 南○

ADG-RU8JHAA(JBUS)
　 87-097 金230 あ 97 07 金□
白 27-098 石230 い 98 07 本□

ADG-RU1ESAA(JBUS)
　 001 石230 い 78 06 南□

BDG-RU8JHAA(JBUS)
加 038 石230 あ 38 10 小□

PKG-RU1ESAA(JBUS)
金 76-087 金230 い 87 06 中□
金 76-088 金230 い 88 06 中□
金 76-089 金230 い 89 06 中□
　 003 石230 い 91 07 南□
金 57-092 金230 あ 92 07 北□
金 17-093 金230 う 93 07 野□
加 37-094 石230 あ 94 07 加□

加 002 石230 あ 95 07 加□
加 006 石230 あ 977 09 小□

LKG-RU1ESBA(JBUS)
加 017 石230 あ 178 11 小□
金 018 石230 あ 129 12 野□
加 019 石230 あ 130 12 加□
加 020 石230 あ 131 12 加□

SDG-RU8JHBA(JBUS)
白 760 石200 か 760 12 本□
白 761 石200 か 761 12 本□
能 021 石230 あ 128 12 七□
白 028 石230 あ 136 13 本□
奥 038 石230 あ 140 15 輪□
加 054 石230 あ 153 16 加□

QRG-RU1ASCA(JBUS)
加 23-995 石200 か1115 13 加◎
金 23-996 金200 か 515 13 中◎
金 23-997 金200 か 516 13 中◎
金 23-998 金200 か 517 13 中◎

QPG-RU1ESBA(JBUS)
能 024 石230 あ 132 13 七□
能 025 石230 あ 133 13 七□
能 026 石230 あ 134 13 七□
金 027 金230 い 135 13 中□
奥 031 石230 あ 137 14 輪□
金 14-138 金230 あ 138 14 中●
加 034 石230 あ 482 14 小□
金 15-143 金230 い 143 15 中●

QRG-RU1ESBA(JBUS)
　 039 金230 あ 144 15 東□
加 047 石230 あ 686 16 小□
金 048 金230 あ 147 16 中□
金 049 金230 あ 148 16 中□
奥 050 石230 あ 149 16 輪□
　 051 金230 あ 150 16 金□

　 052 金230 あ 151 16 金□
金 053 金230 あ 152 16 中□
白 055 石230 あ1732 17 本□
白 056 石230 あ1733 17 本□
金 058 石230 あ 154 17 中□
金 059 石230 あ 155 17 中□
奥 060 石230 あ 156 17 輪□

2KG-RU2AHDA(JBUS)
金 072 金230 あ 160 18 中□
金 073 金230 あ 161 18 中□
加 075 石230 う 835 18 小□
金 076 金230 あ 164 19 中□
金 086 金230 あ 168 20 中□
金 087 金230 あ 169 20 中□

2RG-RU1ESDA(JBUS)
加 063 石230 あ 850 18 小□
　 20-469 金200 か 795 18 金◎
加 083 石230 い 53 20 小□
白 084 石230 あ2051 20 本□
白 085 石230 あ2052 20 本□

MITSUBISHI FUSO

KK-ME17DF(MFBM)
奥 34-257 石200 か 851 (04) 宇○
白 94-209 石200 か 287 04 本○

PA-ME17DF(MFBM)
白 35-283 石230 あ 283 (05) 本○
奥 35-425 石200 か1063 (05) 輪○
能 36-399 石200 か 337 (06) 羽○
白 37-318 石230 あ 318 (07) 本○

KK-MJ23HE(MFBM)
奥 33-289 石200 か 884 (03) 穴○

KK-MJ26HF(MBM)
奥 31-348 石200 か 960 (01) 飯○

KK-MJ27HF（MFBM）
奥 33-956 石 230 あ　956 (03) 穴○

KK-MK23HH（MFBM）
能 33-410 石 200 か 1043 (03) 七○
奥 33-728 石 200 か　868 (03) 輪○
奥 33-729 石 200 か　850 (03) 輪○
奥 33-981 石 200 か　768 (03) 穴○

PA-MK25FJ（MFBM）
奥 36-990 石 200 か　803 (06) 穴○

PA-MK27FH（MFBM）
奥 35-384 石 200 か　993 (05) 宇○
奥 35-385 石 200 か　994 (05) 宇○
能 35-999 石 230 あ　999 (05) 七○
能 36-383 石 200 か　986 (06) 七○
加　　616 石 200 か　985 (06) 小○

PA-MK27FM（MFBM）
加 35-648 石 200 か　958 05 加○
奥 35-649 石 200 か 1005 05 宇○
金 37-739 金 200 か　660 07 中○
白 37-740 石 200 か　510 07 本○

TKG-MK27FH（MFBM）
白 37-470 石 200 か 1112 (17) 本○

PJ-MP35JM（MFBM）
金 35-101 金 200 か　506 05 中○
金 35-102 金 200 か　770 05 中○
金 35-103 金 200 か　769 05 中○
金 35-104 金 200 か　780 05 中○
金 35-105 金 200 か　78 05 中○
金 36-660 石 200 か　452 06 野○
金 36-661 石 200 か　453 06 野○
能 36-662 石 200 か　454 06 七○
能 36-663 石 200 か 1126 06 羽○
金 36-664 金 200 か　59 06 北○
金 37-717 金 200 か　244 07 北○

金 37-718 金 200 か　245 07 北○
金 37-719 金 200 か　246 07 北○
金 37-720 金 200 か　247 07 北○
金 37-721 金 200 か　248 07 北○
能 37-722 石 200 か 1085 07 七○
金 37-723 金 200 か　253 07 中○
金 37-724 金 200 か　254 07 中○
金 37-725 金 200 か　506 07 野○

PJ-MP37JM（MFBM）
金 36-668 金 200 か　799 06 北○
金 36-669 金 230 あ　2 06 北○

PKG-MP35UM（MFBM）
金 38-773 金 200 か　294 08 北○
金 38-774 金 200 か　295 08 北○
金 38-775 金 200 か　296 08 北○
金 38-776 石 200 か　537 08 野○
金 38-777 石 200 か　840 08 野○
金 38-804 石 200 か　841 08 野○
金 38-805 金 200 か　346 08 北○
金 38-806 金 200 か　347 08 北○
金 38-807 金 200 か　348 08 北○
金 38-808 金 200 か　353 08 中○
金 38-809 金 200 か　354 08 中○
38-810 金 200 か　357 08 金○
38-811 金 200 か　358 08 金○
金 39-838 金 200 か　368 09 中○
金 39-839 金 200 か　369 09 北○
金 39-840 金 200 か　370 09 北○
39-841 石 200 か　608 09 南○
金 39-842 石 200 か　609 09 野○
39-857 石 200 か　648 09 南○
金 39-858 石 200 か　650 09 野○
金 39-859 石 200 か　651 09 野○
金 39-860 金 200 か　400 09 北○
金 39-861 金 200 か　401 09 北○
金 39-862 石 200 か　844 09 野○
39-865 金 200 か　392 09 金○
39-866 金 200 か　393 09 金○

金 30-892 金 200 か　414 10 北○
金 30-893 金 200 か　415 10 北○
金 30-894 金 200 か　416 10 北○
金 30-895 金 200 か　417 10 北○
30-896 石 200 か　684 10 南○
金 30-897 石 200 か　685 10 野○

PKG-MP35UP（MFBM）
30-884 金 200 か　407 10 金○
30-885 金 200 か　408 10 金○
30-886 金 200 か　409 10 金○

LKG-MP35FP（MFBM）
金 31-923 金 200 か　467 11 北○
金 31-924 金 200 か　468 11 北○
金 31-926 石 200 か　721 11 野○
31-932 金 200 か　709 11 金○
31-933 石 200 か　723 11 南○
31-934 石 200 か　724 11 南○

QKG-MP35FM（MFBM）
33-241 金 200 か　536 13 金○
33-242 金 200 か　537 13 金○

QKG-MP35FP（MFBM）
金 32-966 金 200 か　502 12 北○
金 32-967 金 200 か　503 12 北○
金 32-968 金 200 か　504 12 北○
金 32-969 石 200 か　776 12 野○
金 32-970 石 200 か　778 12 野○
金 32-971 金 200 か　505 12 中○
金 32-972 石 200 か　779 12 野○
32-978 金 200 か　499 12 金○
32-979 金 200 か　500 12 金○
32-980 金 200 か　501 12 東○
金 33-227 金 200 か　531 13 北○
金 33-228 金 200 か　532 13 北○
金 33-229 金 200 か　533 13 北○
金 33-230 金 200 か　534 13 北○
金 33-231 石 200 か　818 13 野○

金 33-232 石 200 か 819 13 野○
金 33-233 石 200 か 820 13 野○
金 33-234 石 200 か 821 13 野○
金 33-235 石 200 か 822 13 野○
金 33-236 金 200 か 535 13 中○
　　33-243 金 200 か 529 13 東○
　　33-244 金 200 か 530 13 東○
　　33-245 石 200 か 817 13 南○
金 34-267 金 200 か 566 14 北○
金 34-268 金 200 か 567 14 中○
金 34-269 金 200 か 568 14 中○
金 34-270 石 200 か 863 14 野○
金 34-271 石 200 か 864 14 野○
　　34-280 金 200 か 571 14 東○
　　34-281 金 200 か 572 14 東○

QKG-MP38FK(MFBM)

　　36-344 金 200 か 648 16 金○
　　36-345 金 200 か 650 16 金○
　　36-346 石 200 か 953 16 南○
　　36-347 石 200 か 954 16 南○

QKG-MP38FM(MFBM)

　　34-276 金 200 か 569 14 金○
　　34-277 金 200 か 570 14 金○
　　34-278 石 200 か 865 14 南○
　　34-279 石 200 か 866 14 南○
金 35-302 金 200 か 607 15 北○
金 35-303 金 200 か 608 15 中○
　　35-304 石 200 か 906 15 南○
金 35-305 石 200 か 907 15 野○
金 35-306 石 200 か 908 15 野○
　　35-307 金 200 か 609 15 金○
　　35-308 金 200 か 610 15 金○
　　35-309 金 200 か 611 15 東○
　　35-310 石 200 か 909 15 南○
金 36-337 金 200 か 651 16 北○
金 36-338 金 200 か 652 16 北○
金 36-339 金 200 か 653 16 北○
金 36-340 金 200 か 654 16 中○

金 36-341 金 200 か 655 16 中○
金 36-342 石 200 か 955 16 野○
金 36-343 石 200 か 956 16 野○

2PG-MP38FM(MFBM)

金 37-370 金 200 か 696 17 中○
金 37-371 金 200 か 697 17 中○
金 37-372 金 200 か 698 17 北○
金 37-373 金 200 か 699 17 北○
金 37-374 石 200 か 1002 17 野○
金 37-375 石 200 か 1003 17 野○
　　37-376 金 200 か 693 17 金○
　　37-377 金 200 か 694 17 東○
　　37-378 金 200 か 695 17 東○
　　37-379 石 200 か 999 17 南○
　　37-380 石 200 か 1001 17 南○
金 39-445 金 200 か 774 19 中○
金 39-446 金 200 か 775 19 北○
金 39-447 石 200 か 1083 19 野○
　　39-448 金 200 か 773 19 東○
　　39-449 石 200 か 1081 19 南○
　　39-450 石 200 か 1082 19 南○

KL-MS86MP(MFBM)

奥 65-072 石 230 あ 72 05 飯◎

PDG-MM96FH(MFBM)

能 70-120 石 230 あ 120 10 七●

BKG-MS96JP(MFBM)

　　　004 石 200 か 847 07 南□
金 57-102 金 230 あ 102 07 北□
金 17-104 金 230 あ 104 07 中●
能 77-105 石 230 あ 7 07 七●
金 18-108 金 230 あ 108 08 中●
能 38-801 石 200 か 1026 08 羽◎
奥 　005 石 230 あ 117 09 輪□
奥 39-847 石 200 か 631 09 飯◎
能 　007 石 200 か 1134 10 七□
能 　008 石 200 か 1135 10 羽□

加 　009 石 200 か 794 10 小□
奥 30-881 石 200 か 678 10 輪◎

LKG-MS96VP(MFBM)

白 　706 石 200 か 706 11 本□
金 　010 金 230 あ 121 11 本□
金 　011 金 230 あ 122 11 北□
金 　012 石 230 あ 123 11 野□
能 　013 石 230 あ 124 11 七□
能 　014 石 230 あ 125 11 羽□
金 　015 金 230 あ 126 11 北□
能 　016 石 230 あ 127 11 羽□
奥 31-910 石 200 か 1064 11 輪◎
奥 31-911 石 200 か 1066 11 飯◎
能 31-912 石 200 か 712 11 富◎
能 31-913 石 200 か 1086 11 七◎

TDG-MM96FH(MFBM)

白 　032 石 200 か 836 14 本□

QRG-MS96VP(MFBM)

白 　743 石 200 か 743 12 本□
白 　022 石 200 か 741 12 本□
加 　023 石 230 あ 280 12 小□
能 32-946 石 200 か 1117 12 富◎
能 32-947 石 200 か 1116 12 七◎
奥 32-948 石 200 か 751 12 飯◎
奥 32-949 石 200 か 752 12 輪◎
奥 32-950 石 200 か 753 12 輪◎
白 　029 石 200 か 810 13 本□
白 　030 石 200 か 811 13 本□
奥 33-991 石 200 か 800 13 輪◎
奥 33-993 石 200 か 1140 13 輪◎
白 　033 石 200 か 854 14 本□
　　34-252 金 200 か 540 14 金○
　　34-255 金 200 か 551 14 金○
　　34-256 金 200 か 552 14 金○
加 　035 石 230 あ 583 15 小□
金 　036 金 230 あ 141 15 中□
金 　037 金 230 あ 142 15 中□

	35-287	金	200	か	592	15	金○				
	35-288	金	200	か	593	15	金○				

TDG-MM97FH(MFBM)

金	061	石	230	あ	157	17	中□
白	062	石	230	あ	1735	17	本□

QTG-MS96VP(MFBM)

白	040	石	200	か	892	15	本□
白	041	石	200	か	893	15	本□
加	042	石	230	あ	685	16	小□
能	043	石	230	あ	145	16	七□
能	044	石	230	あ	146	16	七□
白	045	石	230	あ	1630	16	本□
白	046	石	230	あ	1631	16	本□
金	36-319	金	200	か	630	16	中●
奥	36-320	石	200	か	934	16	輪○
	36-321	金	200	か	629	16	金○
	36-322	金	200	か	628	16	金○
加	36-325	石	230	あ	325	16	加○

加	057	石	230	あ	787	17	小□
	37-354	金	200	か	670	17	金○
	37-355	金	200	か	671	17	金○
	37-356	金	200	か	672	17	金○
	37-357	石	200	か	977	17	南○
	37-358	金	200	か	673	17	金○

2TG-MS06GP(MFBM)

加	064	石	200	う	888	18	小□
金	065	金	200	か	718	18	中□
白	066	石	230	あ	1836	18	本□
白	067	石	230	あ	1837	18	本□
金	068	金	230	あ	158	18	中□
金	069	金	230	あ	159	18	中□
	070	石	230	い	162	18	南□
	071	石	230	う	163	18	南□
加	074	石	230	あ	851	18	小□
奥	38-390	石	200	か	1019	18	飯○
	38-393	金	200	か	720	18	金○
	38-394	金	200	か	721	18	金○

	38-395	金	200	か	719	18	金○
	38-396	石	200	か	1018	18	南○
	38-397	金	200	か	716	18	金○
金	38-398	金	200	か	717	18	中○
能	077	石	230	あ	165	19	七□
金	078	金	230	あ	166	19	中□
金	079	金	230	あ	167	19	中□
白	080	石	230	あ	1938	19	本□
白	081	石	230	あ	1950	19	本□
加	082	石	230	か	952	19	小□
奥	39-426	石	200	か	1060	19	輪○
	39-427	金	200	か	755	19	金○
	39-428	金	200	か	756	19	金○
	39-429	石	200	か	1059	19	南○
奥	30-461	石	200	か	1109	20	輪○
奥	30-462	石	200	か	1110	20	飯○
金	30-463	金	200	か	790	20	中○
	30-464	金	200	か	791	20	金○
	30-465	金	200	か	792	20	金○
	39-466	石	200	か	1108	19	南○

●現有車両一覧表凡例

KK-RM252GAN 　（西工）
　　①　　　　　　②

奥 84-880 石200か673 (04) 飯 ○
③ 　④ 　　⑤ 　　⑥ 　⑦⑧

①車台型式（改は省略）

②ボディメーカー

③保有事業者

　無印：北陸鉄道／金：北鉄金沢バス／奥：北鉄奥能登バス／能：北鉄能登バス／加：北鉄加賀バス／白：北鉄白山バス

④社番（Ｐ４参照）

⑤登録番号

　金：金沢／石：石川

⑤年式（登録年西暦の下２桁）

　（　）：移籍車の新製時の登録（北鉄グループ間を除く）

⑥所属営業所・支所・車庫

　金：北陸鉄道金沢／東：東部／南：南部／中：北鉄金沢バス中央／北：北部／野：野々市／輪：北鉄奥能登バス輪島／飯：飯田／宇：宇出津／穴：穴水／七：北鉄能登バス七尾／羽：羽咋／富：富来／小：北鉄加賀バス小松／加：加賀／本：北鉄白山バス本社

⑦用途

　○：一般路線車／◎：高速車・特急車・空港車／●：定観車／□：貸切車

現有車両車種別解説

NISSAN DIESEL

●KK-RM252GAN　　　　(11・12)

　機関FE6F、軸距4100mmの中型車。81-601・82-617・618は前中折戸・黒枠逆T字型窓の西工ボディを持つノンステップバス。冷房装置はゼクセル製で、側面表示器は中扉の前にある。84-880は前中引戸・黒枠逆T字型窓の西工ボディを持つノンステップバス。冷房装置はデンソー製で、側面表示器は中扉の後ろ。明石市交通部から移籍した。

●KL-JP252NAN　　　　　(13)

　機関FE6、軸距5560mmの10.5m尺中型車。前中引戸・黒枠逆T字型窓の西工ボディを持つノンステップバス。冷房装置はサーモキング製で、側面表示器は戸袋の前にある。

●PB-RM360GAN　　　(14〜16)

　機関J07E、軸距4300mmの中型車。84-115・116は中引戸・黒枠逆T字型窓のスペースランナーRMノンステップバス。冷房装置はデンソー製で、側面表示器は中扉の後ろにある。16-791は前中引戸・黒枠逆T字型窓のスペースランナーRMノンステップバス。冷房装置はサーモキング製で、側面表示器は前扉の後ろにある。87-702は前中引戸・黒枠逆T字型窓のスペースランナーRMノンステップバス。冷房装置はサーモキング製で、側面表示器は戸袋の前にある。

●PK-JP360NAN　　　　　(17)

　機関J07E、軸距5560mmの10.5m尺中型車。前中引戸・黒枠逆T字型窓のスペースランナーJPノンステップバス。冷房装置はサーモキング製で、側面表示器は戸袋の前にある。

●PKG-RA274PAN　　　　(18)

　機関MD92、軸距5800mmの長尺大型車。前中引戸・黒枠逆T字型窓のスペースランナーRAワンステップバス。冷房装置はサーモキング製で、側面表示器は戸袋の前にある。

●PKG-AP35UP　　　　　(19)

　機関MD92、軸距6000mmの長尺大型車。前中引戸・黒枠逆T字型窓のスペースランナーAワンステップバス。冷房装置は三菱製で、側面表示器は戸袋の前にある。

TOYOTA

●CBA-TRH229W　　　　(20)

　機関2TR、軸距3110mmのハイエースコミューター4WD・ガソリン仕様。白山市「めぐーる」に使用されている。

●CBF-TRH228B　　　　　(21)

　機関2TR、軸距3110mmのハイエースコミューター4WD・ガソリン仕様。輪島市「のらんけバス」に使用されている。

●KK-HDB50　　　　　　(22)

　機関1HD、軸距3935mmの小型車。スイングドア・黒枠引き違い窓のコースター。中古購入車である。

●SDG-XZB50　　　　　　(23)

　機関N04C、軸距3935mmの小型車。スイングドア・黒枠引き違い窓・後面リフトつきのコースター。中古購入車である。

HINO

●SDG-XZB50M　　　　　(24)

　機関N04C、軸距3935mmの小型車。折戸・銀枠引き違い窓のリエッセⅡ。羽咋市「るんるんバス」に使用されている。

●ADG-HX6JHAE　　　　(25)

機関J05D、軸距4125mmの小型車。1扉・黒枠逆T字型窓のポンチョ。白山市「めぐーる」に使用されている。

●ADG-HX6JLAE (26)
機関J05D、軸距4825mmの小型車。2扉・黒枠逆T字型窓のポンチョ。26-699は「金沢ふらっとバス」に使用され、699はジェイ・バスから移籍した。

●BDG-RX6JFBA (27)
機関J05D、軸距3550mmの小型車。前中折戸・黒枠引き違い窓・中扉リフトつきのリエッセ。能美市「のみバス」に使用されている。

●BDG-HX6JLAE (28〜30)
機関J05D、軸距4825mmの小型車。28-824はレトロフェイス・2扉・黒枠逆T字型窓のポンチョ。「城下まち金沢周遊バス」から貸切車に転用された。29-829・853〜855・389は2扉・黒枠逆T字型窓のポンチョ。29-829・853〜855は「金沢ふらっとバス」に使用され、29-389はオーワから移籍した。29-421は1扉・黒枠逆T字型窓のポンチョ。高南観光自動車から移籍した。

●SDG-HX9JLCE (31・32)
機関J05E、軸距4825mmの小型車。22-954・26-326は2扉・黒枠逆T字型窓のポンチョ。22-954は「金沢ふらっとバス」に使用されている。25-311・312・26-350は1扉・黒枠逆T字型窓のポンチョ。白山市「めぐーる」に使用されている。

●SKG-HX9JLCE (33)
機関J05E、軸距4825mmの小型車。2扉・黒枠逆T字型窓のポンチョ。羽咋市「るんるんバス」に使用されている。

●2DG-HX9HLCE (34)
機関J05E、軸距4125mmの小型車。1扉・黒枠逆T字型窓のポンチョ。白山市「めぐーる」に使用されている。

●2DG-HX9JLCE (35・36)
機関J05E、軸距4825mmの小型車。29-422〜424・21-472〜474は2扉・黒枠逆T字型窓のポンチョ。能美市「のみバス」に使用されている。28-419・420・29-441〜444・451・452・20-467・471は1扉・黒枠逆T字型窓のポンチョ。28-419・420・20-471は白山市「めぐーる」、29-451・452は能登町「おりひめバス」に使用されている。

●KK-RJ1JJHK (37・38)
機関J08C、軸距4490mmの中型車。23-203は前中引戸・黒枠逆T字型窓のレインボーRJワンステップバス。冷房装置はデンソー製で、側面表示器は前扉の後ろ。川崎鶴見臨港バスから移籍した。902は前中4枚折戸・黒枠逆T字型窓のレインボーRJワンステップバス。冷房装置はデンソー製で、側面表示器は前扉の後ろ。川崎市交通局から移籍した。

●KK-HR1JEEE (39〜42)
機関J08C、軸距3350mmの7m尺中型車。前中折戸・黒枠逆T字型窓のレインボーHRノンステップバス。冷房装置はデンソー製で、側面表示器は中扉の前。22-290は京浜急行バス、23-323・324は道北バス、23-409は東武バス、24-313は知多乗合から移籍した。

●KK-HR1JKEE (43〜45)
機関J08C、軸距4600mmの中型車。23-286は前中引戸・黒枠逆T字型窓のレインボーHRノンステップバス。冷房装置はデンソー製で、側面表示器は前扉の後ろ。東急バスから移籍した。23-317は前中引戸・黒枠逆T字型窓のレインボーHRノンステップバス。冷房装置はデンソー製で、側面表示器は戸袋の前。京浜急行バスから移籍した。

24-789は前中引戸・黒枠逆T字型窓の
レインボーHRノンステップバス。冷
房装置はデンソー製で、側面表示器は
中扉の後ろにある。

●KL-HR1JNEE　　　　　　（46）

機関J08C、軸距5480mmの10.5m尺中
型車。前中引戸・黒枠逆T字型窓のレ
インボーHRノンステップバス。冷房
装置はデンソー製で、側面表示器は中
扉の後ろにある。

●PB-HR7JHAE　　　　　（47〜49）

機関J07E、軸距4240mmの中型車。前
中引戸・黒枠逆T字型窓のレインボー
HRノンステップバス。冷房装置はデ
ンソー製で、側面表示器は戸袋の前。
25-349は東急バス、25-983・984・987・
501・507・508は岐阜乗合自動車から
移籍した。

●PK-HR7JPAE　　　　　（50・51）

機関J07E、軸距5580mmの10.5m尺中
型車。24-212・637・640・26-216・
653・654・684は前中引戸・黒枠逆T
字型窓のレインボーHRノンステップ
バス。冷房装置はデンソー製で、側面
表示器は戸袋の前にある。512は前中
引戸・黒枠逆T字型窓のレインボーHR
ノンステップバス。冷房装置はデンソ
ー製で、側面表示器は中扉の後ろ。名
鉄バスから移籍した。

●PDG-KR234J2　　　　　（52〜54）

機関6HK1、軸距4400mmの中型車。
28-767・823・29-834・20-874〜876・
025・21-906・126は前中引戸・黒枠逆
T字型窓のレインボーⅡノンステップ
バス。冷房装置はデンソー製で、側面
表示器は戸袋の前にある。003は前中
引戸・黒枠逆T字型窓のレインボーⅡ
ワンステップバス。冷房装置はデンソ
ー製で、側面表示器は中扉の後ろ。日
生運輸から移籍し、白色LEDが採用さ

れている。015は前中引戸・黒枠逆T
字型窓のレインボーⅡワンステップバ
ス。冷房装置はデンソー製で、側面表
示器は戸袋の前。白鳥交通から移籍し
た。

●SDG-KR290J1　　　　　（55・56）

機関4HK1、軸距4400mmの中型車。
21-936〜938は前中引戸・黒枠逆T字
型窓のレインボーⅡノンステップバ
ス。冷房装置はデンソー製で、側面表
示器は戸袋の前にある。22-381・382
は前中引戸・黒枠逆T字型窓のレイン
ボーⅡノンステップバス。冷房装置は
デンソー製で、側面表示器は前扉の後
ろ。ケイエム観光バスから移籍した。

●SKG-KR290J1　　　　　（57・58）

機関4HK1、軸距4400mmの中型車。
227・23-246・985・986・24-247・25-
282・528は前中引戸・黒枠逆T字型窓
のレインボーⅡノンステップバス。冷
房装置はデンソー製で、側面表示器は
戸袋の前にある。23-386は前中引戸・
黒枠逆T字型窓のレインボーⅡノンス
テップバス。冷房装置はデンソー製
で、側面表示器は前扉の後ろ。ケイエ
ム観光バスから移籍した。

●SKG-KR290J2　　　　　　（59）

機関4HK1、軸距4400mmの中型車。
前中引戸・黒枠逆T字型窓のレインボ
ーノンステップバス。冷房装置はデン
ソー製で、側面表示器は戸袋にある。

●2KG-KR290J3　　　　　　（60）

機関4HK1、軸距4400mmの中型車。
28-400・29-430〜432は前中引戸・黒
枠逆T字型窓のレインボーノンステッ
プバス。冷房装置はデンソー製で、側
面表示器は戸袋にある。818は前中引
戸・黒枠逆T字型窓のレインボーノン
ステップバス。冷房装置はデンソー製
で、側面表示器は戸袋の前にあり、白

色LEDが採用されている。

● 2KG-KR290J4　　　　　　　（61）

　機関4HK1、軸距4400mmの中型車。前中引戸・黒枠逆T字型窓のレインボーノンステップバス。EDSSを装備。冷房装置はデンソー製で、側面表示器は戸袋にある。

● PJ-KV234N1　　　　　　　（62）

　機関6HK1、軸距5300mmの中尺大型車。25-106・26-665〜667・689は前中引戸・黒枠逆T字型窓のブルーリボンⅡワンステップバス。冷房装置はデンソー製で、側面表示器は戸袋の前にある。26-687・688は前中引戸・黒枠逆T字型窓のブルーリボンⅡノンステップバス。冷房装置はデンソー製で、側面表示器は戸袋の前にある。

● PKG-KV234N2　　　　（3・63）

　機関6HK1、軸距5300mmの中尺大型車。27-741〜744・28-814〜819・29-863・864・867〜869・20-887・888・898・899は前中引戸・黒枠逆T字型窓のブルーリボンⅡノンステップバス。冷房装置はデンソー製で、側面表示器は戸袋の前にある。27-745〜748・28-812・813は前中引戸・黒枠逆T字型のブルーリボンⅡワンステップバス。冷房装置はデンソー製で、側面表示器は戸袋の前。27-746は赤帯カラー、27-748は青バスカラーに復刻塗装されている。

● LKG-KV234N3　　　（4・64・65）

　機関6HK1、軸距5300mmの中尺大型車。21-916・917・927・928は前中引戸・黒枠逆T字型窓のブルーリボンⅡノンステップバス。冷房装置はデンソー製で、側面表示器は戸袋の前にある。21-929〜931・217は前中引戸・黒枠逆T字型のブルーリボンⅡワンステップバス。冷房装置はデンソー製で、

側面表示器は戸袋の前。217は白鳥交通から移籍した。

● LKG-KV234Q3　　　　　　（66）

　機関6HK1、軸距5800mmの長尺大型車。前中引戸・黒枠逆T字型のブルーリボンⅡワンステップバス。冷房装置はデンソー製で、側面表示器は戸袋の前にある。

● QPG-KV234N3　　　　（67〜69）

　機関6HK1、軸距5300mmの中尺大型車。22-957・958・973・974は前中引戸・黒枠逆T字型窓のブルーリボンⅡノンステップバス。冷房装置はデンソー製で、側面表示器は戸袋の前にある。23-221〜224・238・320・24-260〜266・272〜275は前中引戸・黒枠逆T字型窓のブルーリボンⅡノンステップバス。冷房装置はデンソー製で、側面表示器は戸袋にあり、320は白色LEDが採用されている。23-239・240は前中引戸・黒枠逆T字型のブルーリボンⅡワンステップバス。冷房装置はデンソー製で、側面表示器は戸袋にある。

● QKG-KV234N3　　　　　　（70）

　機関6HK1、軸距5300mmの中尺大型車。前中引戸・黒枠逆T字型窓のブルーリボンⅡワンステップバス。冷房装置はデンソー製で、側面表示器は戸袋。「城下まち金沢周遊バス」に使用されている。

● QPG-KV234Q3　　　　　　（71）

　機関6HK1、軸距5800mmの長尺大型車。22-959〜965・975〜977は前中引戸・黒枠逆T字型窓のブルーリボンⅡワンステップバス。冷房装置はデンソー製で、側面表示器は戸袋の前にある。23-225・226は前中引戸・黒枠逆T字型窓のブルーリボンⅡワンステップバス。冷房装置はデンソー製で、側面表示器は戸袋にある。

●QDG-KV290N1 　　　　（2・72）

　機関4HK1、軸距5300mmの短尺大型車。前中引戸・黒枠逆T字型窓のブルーリボンノンステップバス。冷房装置はデンソー製で、側面表示器は戸袋。26-314〜316は「城下まち金沢周遊バス」に使用されている。

●QPG-KV290Q1 　　　　　（73）

　機関4HK1、軸距6000mmの長尺大型車。前中引戸・黒枠逆T字型窓のブルーリボンノンステップバス。冷房装置はデンソー製で、側面表示器は戸袋にある。

●2DG-KV290N2 　　　　　（74）

　機関4HK1、軸距5300mmの短尺大型車。前中引戸・黒枠逆T字型窓のブルーリボンノンステップバス。冷房装置はデンソー製で、側面表示器は戸袋にある。

●2PG-KV290Q2 　　　　　（75）

　機関4HK1、軸距6000mmの長尺大型車。前中引戸・黒枠逆T字型窓のブルーリボンノンステップバス。冷房装置はデンソー製で、側面表示器は戸袋にある。

●2PG-KV290Q3 　　　　　（76）

　機関4HK1、軸距6000mmの長尺大型車。前中引戸・黒枠逆T字型窓のブルーリボンノンステップバス。EDSSを装備。冷房装置はデンソー製で、側面表示器は戸袋にある。

●ADG-RU8JHAA 　　　　（77）

　機関J08E、軸距4200mmの9m尺大型車。スイングドア・T字型窓（最前部・最後部は固定窓／屋根までのアクセントライン）のセレガハイデッカーショート。冷房装置は直結式。27人乗りの貸切車である。

●ADG-RU1ESAA 　　　　（78）

　機関E13C、軸距6080mmの大型車。

スイングドア・T字型窓（最前部は固定窓／屋根までのアクセントライン）のセレガハイデッカー。53人乗りの貸切車である。

●BDG-RU8JHAA 　　　　（79）

　機関J08E、軸距4200mmの9m尺大型車。スイングドア・T字型窓（最前部・最後部は固定窓／屋根までのアクセントライン）のセレガハイデッカーショート。27人乗りの貸切車である。

●PKG-RU1ESAA 　　　　（80）

　機関E13C、軸距6080mmの大型車。スイングドア・T字型窓（最前部は固定窓／屋根までのアクセントライン）のセレガハイデッカー。53・58人乗りの貸切車である。

●LKG-RU1ESBA 　　　　（81）

　機関E13C、軸距6080mmの大型車。017はスイングドア・T字型窓（最前部は固定窓／屋根までのアクセントライン）のセレガハイデッカー。57人乗りの貸切車である。018〜020はスイングドア・T字型窓（最前部は固定窓）のセレガハイデッカー。53人乗りの貸切車である。

●SDG-RU8JHBA 　　　　（82）

　機関J08E、軸距4200mmの9m尺大型車。スイングドア・T字型窓（最前部・最後部は固定窓）のセレガハイデッカーショート。26・27人乗りの貸切車である。

●QRG-RU1ASCA 　　　　（83）

　機関A09C、軸距6080mmの大型車。折戸・T字型窓（最前部は固定窓）のセレガハイデッカー。冷房装置は直結式。60人乗りの特急車・高速車である。

●QPG-RU1ESBA 　　　　（84）

　機関E13C、軸距6080mmの大型車。034はスイングドア・T字型窓（最前

部は固定窓／屋根までのアクセントライン）のセレガハイデッカー。53人乗りの貸切車である。024〜027・031・14-138・15-143はスイングドア・T字型窓（最前部は固定窓）のセレガハイデッカー。53人乗りの貸切車であったが、14-138・15-143は定観車に転用された。

●QRG-RU1ESBA　　　　（85〜87）

機関E13C、軸距6080mmの大型車。047はスイングドア・T字型窓（最前部は固定窓／屋根までのアクセントライン）のセレガハイデッカー。53人乗りの貸切車である。039・050〜053・058〜060はスイングドア・T字型窓（最前部は固定窓）のセレガハイデッカー。53・57人乗りの貸切車である。048・049はスイングドア・T字型窓（最前部は固定窓）のセレガスーパーハイデッカー。51人乗りの貸切車である。055・056はスイングドア・T字型窓（最後部は固定窓）のセレガスーパーハイデッカー。52人乗りの貸切車である。

●2KG-RU2AHDA　　　　　　（88）

機関A05C、軸距4200mmの９m尺大型車。075はスイングドア・T字型窓（最前部・最後部は固定窓／屋根までのアクセントライン）のセレガハイデッカーショート。27人乗りの貸切車である。072・073・076・086・087はスイングドア・T字型窓（最前部・最後部は固定窓）のセレガハイデッカーショート。20年式はEDSSを装備。26・27人乗りの貸切車である。

●2RG-RU1ESDA　　　　（5・89）

機関E13C、軸距6080mmの大型車。20-469はスイングドア・固定窓のセレガハイデッカー。EDSS・白色LEDを装備。後部トイレつき38人乗りの高速

車である。063・083はスイングドア・T字型窓（最前部は固定窓／屋根までのアクセントライン）のセレガハイデッカー。083はEDSSを装備。52・53人乗りの貸切車である。084・085はスイングドア・T字型窓（最後部は固定窓）のセレガスーパーハイデッカー。48人乗りの貸切車である。

MITSUBISHI FUSO

●KK-ME17DF　　　　　（90・91）

機関4M50、軸距3560mmの小型車。前中折戸・銀枠逆T字型窓のエアロミディMEノンステップバス。冷房装置は三菱製で、側面表示器は前扉の後ろ。34-257は自家用登録の自治体バスを中古購入したものである。

●PA-ME17DF　　　　　（92〜94）

機関4M50、軸距3560mmの小型車。35-283・425・37-318は前中折戸・黒枠逆T字型窓のエアロミディMEノンステップバス。冷房装置は三菱製で、側面表示器は前扉の後ろ。35-283は東伸運輸、35-425は船橋新京成バス、37-318は北総交通から移籍した。36-399は前中折戸・銀枠逆T字型窓のエアロミディMEノンステップバス。冷房装置は三菱製で、側面表示器は前扉の後ろ。神奈川中央交通から移籍した。

●KK-MJ23HE　　　　　　（95）

機関6M61、軸距3490mmの７m尺中型車。前中折戸・銀枠逆T字型窓のエアロミディMJワンステップバス。冷房装置は三菱製で、側面表示器は中扉の前。広島第一タクシーから移籍した。

●KK-MJ26HF　　　　　　（96）

機関6M61、軸距5260mmの中型車。前中引戸・銀枠逆T字型窓のエアロミディMJノンステップバス。冷房装置は三菱製で、側面表示器は戸袋の前。神奈川中央交通から移籍した。

●KK-MJ27HF　　　　　　　（97）

　機関6M61、軸距3560mmの7m尺中型車。前中折戸・銀枠逆T字型窓のエアロミディMJノンステップバス。冷房装置は三菱製で、側面表示器は中扉の前。丸建自動車から移籍した。

●KK-MK23HH　　　　（98〜100）

　機関6M61、軸距4375mmの中型車。33-410・981は前中引戸・銀枠逆T字型窓のエアロミディMKワンステップバス。冷房装置は三菱製で、側面表示器は中扉の後ろ。33-410は知多乗合、33-981は広島第一タクシーから移籍した。33-728・729は前中引戸・銀枠逆T字型窓のエアロミディMKワンステップバス。冷房装置は三菱製で、側面表示器は前扉の後ろ。藤田合同バスから移籍した。

●PA-MK25FJ　　　　　　（101）

　機関6M60、軸距4390mmの中型車。前中引戸・黒枠逆T字型窓のエアロミディMKワンステップバス。冷房装置はデンソー製で、側面表示器は中扉の後ろ。広島第一タクシーから移籍した。

●PA-MK27FH　　　　（102・103）

　機関6M60、軸距4260mmの中型車。35-384・385・36-383・616は前中引戸・銀枠逆T字型窓のエアロミディMKノンステップバス。冷房装置はデンソー製で、側面表示器は前扉の後ろ。相鉄バスから移籍した。35-999は前中引戸・銀枠逆T字型窓のエアロミディMKノンステップバス。冷房装置はデンソー製で、側面表示器は中扉の後ろ。北紋バスから移籍した。

●PA-MK27FM　　　　　　（104）

　機関6M60、軸距5560mmの10.5m尺中型車。前中引戸・黒枠逆T字型窓のエアロミディMKノンステップバス。冷房装置はデンソー製で、側面表示器は戸袋の前にある。

●TKG-MK27FH　　　　　（105）

　機関6M60、軸距4340mmの中型車。前中引戸・黒枠逆T字型窓のエアロミディMKノンステップバス。冷房装置はデンソー製で、側面表示器は中扉の後ろ。福島交通から移籍した。

●PJ-MP35JM　　　　　　（106）

　機関6M70、軸距5300mmの中尺大型車。前中引戸・黒枠逆T字型窓のエアロスターワンステップバス。冷房装置は三菱製で、側面表示器は戸袋の前にある。

●PJ-MP37JM　　　　　　（107）

　機関6M70、軸距5300mmの中尺大型車。前中引戸・黒枠逆T字型窓のエアロスターノンステップバス。冷房装置は三菱製で、側面表示器は戸袋の前にある。

●PKG-MP35UM　　　　　（108）

　機関MD92、軸距5300mmの中尺大型車。前中引戸・黒枠逆T字型窓のエアロスターワンステップバス。冷房装置は三菱製で、側面表示器は戸袋の前にある。

●PKG-MP35UP　　　　　（109）

　機関MD92、軸距6000mmの長尺大型車。前中引戸・黒枠逆T字型窓のエアロスターワンステップバス。冷房装置は三菱製で、側面表示器は戸袋の前にある。

●LKG-MP35FP　　　　　（110）

　機関6M60、軸距6000mmの長尺大型車。前中引戸・黒枠逆T字型窓のエアロスターワンステップバス。冷房装置は三菱製で、側面表示器は戸袋の前にある。

●QKG-MP35FM　　　　　（111）

　機関6M60、軸距5300mmの中尺大型

車。前中引戸・黒枠逆T字型窓のエアロスターワンステップバス。冷房装置は三菱製で、側面表示器は戸袋にある。

●QKG-MP35FP　　　（112〜114）

　機関6M60、軸距6000mmの長尺大型車。32-966〜972・978〜980は前中引戸・黒枠逆T字型窓のエアロスターワンステップバス。冷房装置は三菱製で、側面表示器は戸袋の前にある。33-227〜236・243〜245は前中引戸・黒枠逆T字型窓のエアロスターワンステップバス。冷房装置は三菱製で、側面表示器は戸袋にある。34-267〜271・280・281はニューフェイス・前中引戸・黒枠逆T字型窓のエアロスターワンステップバス。冷房装置は三菱製で、側面表示器は戸袋にある。

●QKG-MP38FK　　　　　（115）

　機関6M60、軸距4995mmの短尺大型車。ニューフェイス・前中引戸・黒枠逆T字型窓のエアロスターノンステップバス。冷房装置は三菱製で、側面表示器は戸袋にある。

●QKG-MP38FM　　　　　（116）

　機関6M60、軸距5550mmの中尺大型車。ニューフェイス・前中引戸・黒枠逆T字型窓のエアロスターノンステップバス。冷房装置は三菱製で、側面表示器は戸袋にある。

●2PG-MP38FM　　　　　　（1）

　機関6M60、軸距5550mmの中尺大型車。ニューフェイス・前中引戸・黒枠逆T字型窓のエアロスターノンステップバス。冷房装置は三菱製で、側面表示器は戸袋にある。

●KL-MS86MP　　　　　　（117）

　機関8M21、軸距6150mmの大型車。スイングドア・T字型窓（最後部は固定窓）のエアロバス。冷房装置はサブエンジン式。53人乗りの貸切車であったが、特急車に転用された。

●PDG-MM96FH　　　　　（118）

　機関6M60、軸距4200mmの9m尺大型車。スイングドア・T字型窓（最後部は固定窓）のエアロエース。冷房装置は直結式。27人乗りの貸切車であったが、定観車に転用された。

●BKG-MS96JP　　　　（119・120）

　機関6M70、軸距6000mmの大型車。57-102・17-104・77-105・18-108・004・005・007〜009はスイングドア・T字型窓（最後部は固定窓）のエアロエース。冷房装置はサブエンジン式。53・55・58人乗りの貸切車であったが、17-104・77-105・18-108は定観車に転用された。38-801・39-847・30-881はスイングドア・T字型窓（最後部は固定窓）のエアロエース。冷房装置はサブエンジン式。53人乗りの特急車である。

●LKG-MS96VP　　　　（121・122）

　機関6R10、軸距6095mmの大型車。706・010〜016はスイングドア・T字型窓（最後部は固定窓）のエアロエース。冷房装置はサブエンジン式。53・58人乗りの貸切車である。31-910〜913はスイングドア・T字型窓（最後部は固定窓）のエアロエース。冷房装置はサブエンジン式。53・56・58人乗りの特急車である。

●TDG-MM96FH

　機関6M60、軸距4200mmの9m尺大型車。スイングドア・T字型窓（最後部は固定窓）のエアロエース。冷房装置は直結式。25人乗りの貸切車である。

●QRG-MS96VP　　　　（123〜126）

　機関6R10、軸距6095mmの大型車。743・022・029・030・033・036・037はスイングドア・T字型窓（最後部は

固定窓）のエアロエース。冷房装置は床下直結式。57・58人乗りの貸切車である。023・035はスイングドア・T字型窓（最後部は固定窓）のエアロエース。冷房装置は屋根上直結式。52・53人乗りの貸切車である。32-946～950・33-991はスイングドア・T字型窓（最後部は固定窓）のエアロエース。冷房装置は屋根上直結式。53・56人乗りの特急車である。33-993・34-252・255・256はスイングドア・固定窓のエアロエース。冷房装置は屋根上直結式。33-993・34-255・256は後部トイレつき38人乗り、34-252は45人乗りの高速車・特急車である。35-287・288はスイングドア・固定窓のエアロクィーン。冷房装置は床下直結式。中央トイレつき28人乗りの高速車である。

●TDG-MM97FH　　　　　　　（127）
　機関6M60、軸距4200mmの９m尺大型車。スイングドア・T字型窓（最後部は固定窓）のエアロエース。冷房装置は直結式。27人乗りの貸切車である。

●QTG-MS96VP（7・10・128～130）
　機関6R10、軸距6095mmの大型車。040・041はスイングドア・T字型窓（最後部は固定窓）のエアロエース。冷房装置は床下直結式。58人乗りの貸切車である。042～044・057はスイングドア・T字型窓（最後部は固定窓）のエアロエース。冷房装置は屋根上直結式。52・53人乗りの貸切車である。36-320・325・37-357・358はスイングドア・T字型窓（最後部は固定窓）のエアロエース。冷房装置は屋根上直結式。53・55人乗りの特急車・空港車である。36-321・322・37-354～356はスイングドア・固定窓のエアロエース。冷房装置は屋根上直結式。36-321・37-354は後部トイレつき38人乗り、36-

322・37-355・356は45人乗りの高速車である。045・046・36-319はスイングドア・T字型窓（最後部は固定窓）のエアロクィーン。冷房装置は床下直結式。53・45人乗りの貸切車・定観車である。

●2TG-MS06GP（6・8・9・131～134）
　機関6S10、軸距6000mmの大型車。064・068～071・074はスイングドア・T字型窓（最後部は固定窓）のエアロエース。冷房装置は屋根上直結式。53・59・60人乗りの貸切車である。38-390・396～398はスイングドア・T字型窓（最後部は固定窓）のエアエース。冷房装置は屋根上直結式。55・60人乗りの特急車・空港車・高速車である。065・38-393～395はスイングドア・固定窓のエアロエース。冷房装置は屋根上直結式。065は中央トイレつき29人乗り、38-393・394は後部トイレつき38人乗り、38-395は45人乗りの高速車であったが、065は貸切車に転用された。066・067はスイングドア・T字型窓（最後部は固定窓）のエアロクィーン。冷房装置は床下直結式。53人乗りの貸切車である。077～079・082はニューフェイス・スイングドア・T字型窓（最後部は固定窓）のエアロエース。冷房装置は屋根上直結式。43・53・59人乗りの貸切車である。39-426～429・30-461～466はニューフェイス・スイングドア・T字型窓（最後部は固定窓）のエアロエース。冷房装置は屋根上直結式で、20年式はEDSS・白色LEDを装備。55・59人乗りの特急車・空港車・高速車である。080・081はニューフェイス・スイングドア・T字型窓（最後部は固定窓）のエアロクィーン。冷房装置は床下直結式。53人乗りの貸切車である。

北鉄バスのあゆみ

text■鈴木文彦　photo■北陸鉄道・鈴木文彦・編集部

　北陸鉄道はグループ全体で石川県全域をエリアとし、鉄道事業とバス事業を行う事業者である。鉄道は北陸鉄道本体が運営し、現在、北鉄金沢～内灘（うちなだ）間の浅野川線と野町～鶴来間の石川線の２路線を営業している。バス事業は北陸鉄道本体のほか、直系に北鉄金沢バス、北鉄奥能登バス、北鉄能登バス、北鉄加賀バス、北鉄白山バスがあり、本体は一般路線のほか貸切バスや金沢を拠点とした高速バス、小松空港リムジンバスなどを積極的に展開、乗合バス152台、貸切バス９台を擁し、乗合バス免許キロ1,711.2km、社員数325人の事業者である。本社は金沢市に置かれ、本社隣接の金沢営業所と東部・南部の２支所を擁する。

　北鉄金沢バスは金沢都市圏を中心とした一般路線と金沢発の定期観光バス、富山などへの高速バス、および貸切バスを営業する。本社は北陸鉄道本社社屋にあり、北陸鉄道金沢営業所隣接の中央と、北部、野々市の３営業所に乗合バス169台、貸切バス30台を擁し、乗合バス免許キロ1,002.4km、社員数275人の事業者である。北鉄奥能登バスは奥能登地区の一般路線と金沢を結ぶ特急バス、貸切バスを営業する。本社を輪島市に置き、輪島営業所と飯田・宇出津・穴水の３支所に乗合バス61台、貸切バス６台を擁し、乗合バス免許キロ780.5km、社員数51人の事業者である。北鉄能登バスは中能登地区の一般路線と急行バス、和倉温泉発の定期観光バス、貸切バスを営業する。本社を七尾市に置き、七尾・羽咋（はくい）の２営業所に乗合バス48台、貸切バス12台を擁し、乗合バス免許キロ618.9km、社員数51人の事業者である。北鉄加賀バスは小松市・加賀市を中心とした一般路線と急行バス、貸切バスを営業する。本社を小松市に置き、小松・加賀の２営業所に乗合バス31台、貸切バス21台を擁し、乗合バス免許キロ337.3km、社員数66人の事業者である。北鉄白山バスは金沢市から白山市、能美市（のみ）にかけての一般路線と貸切バスを営業する。北陸鉄道南部支所に隣接した本社・営業所に乗合バス37台、貸切バス25台を擁し、乗合バス免許キロ443.5km、社員数42人の事業者である。なお、北鉄白山バスと北鉄加賀バスは、2021（令和３）年７月１日に加賀白山バスと北陸交通、小松バスと加賀温泉バスが合併して成立した会社である。

1919年に開業した金沢電気軌道の金沢市内電車

1920年に金沢電気軌道が合併した松金電車鉄道

戦前

■黎明期の石川県のバス事業

　北陸鉄道の母体となった金沢電気軌道は1916（大正5）年に設立、1919（大正8）年に金沢市内電車を開業した。石川県では馬車鉄道が明治時代に発達、すでに金石馬車鉄道、山中馬車鉄道、松金馬車鉄道、粟津軌道、山代軌道、片山津軌道などが営業を開始した。これらはその後、電気鉄軌道へと移行し、金沢電気軌道開業時には金石電気鉄道（元・金石馬車鉄道）、松金電車鉄道（元・松金馬車鉄道）、金野鉄道、石川鉄道と、山中電気軌道（元・山中馬車鉄道）・粟津軌道・山代軌道・片山津軌道を統合した温泉電気軌道が成立していた。

　バス事業については、全国的に大正期に入って成立・拡大するが、石川県の場合、『バス事業五十年史』（日本乗合自動車協会発行）に1914（大正3）年の白峯自動車開業の記載があるものの、大正前期の具体的なバス事業の記録がほとんど残っていない。とはいえ、おそらく大正時代に多くの個人営業が成立しているものと考えられる。とくに、北陸本線や馬車鉄道の発達していた加賀地区よりも、鉄軌道の便に恵まれなかった能登地区で、バス事業熱が高かったようである。1919年から1921（大正10）年にかけては古川礼次（珠洲飯田）、鳳珠自動車（輪島）、安宅自動車（安宅）、粟津成交（粟津）などの開業記録がある。

■鉄道事業者がバス事業へ進出

　昭和に入るころから、鉄軌道会社は沿線に相次いで台頭するバス事業に危機感を募らせ、企業防衛のために自らバス事業に進出するようになる。

　金沢電気軌道は1920（大正9）年に松金電車鉄道と金野鉄道、1923（大正12）年に石川鉄道を合併して鉄軌道を拡大していたが、1928（昭和3）～1929（昭和4）年にバス事業免許を申請し、1931（昭和6）年に金沢～寺井間を営業開始した。続く1932（昭和7）年には金沢～白山神社間と金沢市内線（金沢駅前～金沢高等工業学校、野町四丁目～有松など5路線）、1934（昭和9）年には金沢駅前～兼六園下間と路線を拡大していった。金石電気鉄道はバスへの着手が早く、1926（大正15）年に金沢電気軌道の市内電車と連絡するため、中橋町～白銀町間

大正時代の初めに石川県内で開業した乗合バス

1931年に金沢電気軌道が運行開始した乗合バス

にバスを運行したのち、金石から白銀町、濤々園などに路線を拡大した。温泉電気軌道は昭和初期から沿線でバスの兼営を始め、山中〜大聖寺〜山代間、山代〜動橋〜片山津間、動橋〜那谷間などを開業した。1925（大正14）〜1927（昭和2）年に羽咋〜三明間の非電化鉄道を開業した能登鉄道も、1930（昭和5）年ごろから羽咋〜飯山間、三明〜富来間、三明〜福浦間などでバスを兼営、のちには羽咋から七尾を経て氷見まで路線を延ばしていった。新寺井〜新鶴来間を最初に1925年から営業していた能美電気鉄道は1935（昭和10）年、鉄道の小松延長をバスに変更することとなり、林義光の小松〜粟生間を譲受して能美電バスを設立、バス事業を開始した。同年にはやはり1925年から鉄道の営業を開始していた浅野川電気鉄道が、新須崎〜宇野気間、金沢駅前〜大根布間でバスを開業している。

　このころ、バス専業事業者も寺井地区の山田自動車、七尾地区の巴自動車、鵜川村の北潟六兵衛、金沢市内観光の金沢遊覧自動車などが営業を開始したほか、省営バスも1935年に奥能登線、金福線を開業し、穴水、金沢に進出を果たしている。

■第1次戦時統合へ

　1930年代後半には県内の大半にバス路線が進出し、交通基盤はかなり整っていったが、一方で小規模事業者同士の競合も激しく、やがて競合に疲弊して、1933（昭和8）年の自動車交通事業法の1路線1営業主義の流れのなかで、自主的に統合に向かっていく。

　かねて金沢〜湯涌温泉間を運行していた岩本自動車は、金沢遊覧自動車と合併して金沢大型貸切自動車となったのち、1941（昭和16）年に増資して湯涌自動車と改称した。バスに交通を頼っていた七尾・和倉地区では、競合の激化から統合・業者間協定の動きが出てきた結果として、1941年に丸中汽船、和倉商行、和倉自動車商会、浜田善二、藤林菊太郎の5事業者が合併し、七尾交通が成立した。1939（昭和14）年には金名自動車と白峯自動車が事業を金名鉄道に譲渡、金名鉄道もバス兼業となった。

　金沢市内を中心に市内電車と石川線の鉄道およびバスを営業してきた金沢電気軌道は、1939年に能美電気鉄道と能美電バスを譲受し、加賀地区に進出した。その後、国の電力統制が進められたため、電力事業を営んでいた金沢電気軌道は

戦時統合により北陸鉄道に合併された能登鉄道

1950年に新規投入された日野トレーラーバス

　1941年8月、北陸地方の電力11社と合併することとなり、北陸合同電気が発足、金沢電気軌道の鉄軌道・バスは同社の交通部門となった。もっとも、すぐに配電統制令が公布され、配電会社の兼業が禁止されたので、交通部門は北陸合同電気から分離し、翌1942（昭和17）年3月に旧・北陸鉄道が発足した。

　旧・北陸鉄道発足後まもなく、陸上交通事業調整法にもとづく私鉄部門に対する戦時統合の要請は、次第に強まっていった。石川県内の私鉄は地域的に分散しており、一本化は困難を伴ったが、1943（昭和18）年1月に富山県内を一元化した富山地方鉄道が成立すると、いよいよ国の圧力は強まり、石川県当局の動きも活発化した。そして、県の斡旋などにより統合が行われ、1943年10月、旧・北陸鉄道は温泉電気軌道、金名鉄道、金石電気鉄道、能登鉄道、湯涌自動車、七尾交通の6社と金沢市内を運行する群小バス事業者10社を合併、現在に続く新・北陸鉄道が成立した。

■第2次戦時統合によって石川県内が一元化

　新・北陸鉄道成立と並行して、県下バス事業の統合は、1942年に出された事業統合の基本方策に関する鉄道省通牒にもとづいて準備が進められた。石川県の交通圏は1ブロックで、すべてを新・北陸鉄道に統合するというものであった。

　これに沿って、1943年12月末に笹村自動車（小松市内）、金安自動車（安原村〜金沢）、大田自動車（松任〜鶴来）、上出自動車（美川〜鶴来）、紺谷自動車（七塚〜高松）、金沢交通（森本〜三谷）、安江自動車（金沢〜宇野気ほか）、北陸自動車商会（金沢〜津幡ほか）、橘自動車商会（高浜〜七尾）、西村自動車（七尾〜氷見）、森本自動車（中島〜鵜川）、門前タクシー（門前〜皆月）、門前自動車商会（門前〜穴水ほか）、トモエ自動車（宇出津〜輪島ほか）、輪島物産（輪島市内）、坂下自動車（飯田〜西海村ほか）、小林自動車（森本〜花園）、川崎自動車（松任〜河北）、安宅自動車（小松市内）の計19事業者が一挙に北陸鉄道に統合された。

　さらに、1929年から小松〜鵜川遊泉寺間で鉄道を営んでいた小松電気鉄道が1945（昭和20）年7月に、最後に残った浅野川電気鉄道も同年10月に新・北陸鉄道に合併され、ここに北陸鉄道による石川県全県の鉄軌道・バスの一元化が完成したのである。

1951年に開業した金沢〜小松間の急行バス

1953年ごろの金沢駅前のバスターミナル

戦後

■戦後の復興とバス事業の拡大

　終戦直後のバスの状況はかなり劣悪だった。軍への供出により半減していたバスは、ほとんどが老朽化した代燃車だった。しかし、1947（昭和22）年に国体が石川県で開催されたのを機に電気バスが5台導入され、国体後に金沢市内線・津幡線で運用されたのを手始めに、1949（昭和24）年には初めてディーゼルバス30台余が新規投入された。翌1950（昭和25）年からトレーラーバスと大型ディーゼルバスも採用され、在来車の修繕も進んで車両数はほぼ戦前の水準に戻り、輸送力は増強された。1952（昭和27）年にはリヤエンジンバスも登場している。路線も整理と復活が進められ、1952年度には戦前の状態に回復している。

　1950年には和倉温泉を起点とする能登金剛、曽々木海岸、奥能登への観光ルートを開発し、バスの直通を実施したほか、加越能鉄道との相互乗り入れによる金沢〜高岡間の運行を開始した。翌1951（昭和26）年には金沢〜小松間、金沢〜和倉温泉間に各2往復の急行バスを開業したのに続いて、1952年には金沢〜片山津温泉間「温泉急行バス」を運行開始した。金沢駅前バスターミナルの営業開始や貸切バスの本格営業開始もこの年で、これらを基礎に1953（昭和28）年ごろからバス事業が軌道に乗り始めた。

　1950〜1960年代はバスが最も伸びた時期である。利用者は毎年着実に伸び、1961（昭和36）年度には2,500万人弱となって鉄軌道の利用を上回り、主役交替の様相を呈した。1955（昭和30）年には金沢〜小松間が、ラッシュ時に市内線なみの有松まで5分、松任まで10分、小松まで20分間隔というフリークエントサービスとなった。1957（昭和32）年には道路整備に伴い、温泉急行バスを金沢〜山中温泉間として粟津経由と片山津経由の2系統に拡充したほか、金沢市内の団地路線も開業、1958（昭和33）年には泉野線など8路線を一挙に開業した。1959（昭和34）年には金沢市内定期観光バスが開業している。

■苦難の時代から名鉄グループへ

　しかしバス需要が伸びる一方で、北陸鉄道は1950年代後半から1960年代にかけ

道路整備に合わせ1957年に開業した上荒屋線　尾山神社を下車見学中の金沢市内定期観光バス

て苦しい時期を経験しなければならなかった。1950年代前半、輸送需要は上向きながら、福井地震の影響などもあって会社の経営は苦しい状態が続いた。その後数年の間に激しいトップ交替劇があったことも影響して、北陸鉄道の経営は長期的展望や経営努力をするゆとりがほとんどなく、その結果による緊縮政策は政治問題も絡んで労使関係の悪化を招いた。1956（昭和31）年、1959年と2度にわたる水害がさらに経営悪化に拍車をかけ、1959年の賃金問題を発端に労使関係は極度に悪化し、ストライキが日常化する状態に陥った。

　北陸鉄道のこのような状態につけ込む形で、1950年代後半には他社の進出計画が相次いで見られた。1社独占と年中行事化するストライキから市民の足を守るという名目のもと、金沢市では市営バス計画が具体化し、1957年には市営バス6路線を申請するに及んだ。さらに1959年の大争議を契機として、県下一円に北陸日本交通（のちに北日本観光バスが合併）が免許を申請したほか、国鉄、県営バス、富山地方鉄道、北陸交通、北日本観光バスも県内に路線免許を申請した。これらの大半は北陸鉄道との競合区間であり、北陸鉄道にとっては看過できないものであった。

　当時の経営陣は企業再建のため、名古屋鉄道に援助を要請した。1961年から連続で増資が行われ、失権株を名鉄が引き受ける形となり、1962（昭和37）年に北陸鉄道は名鉄グループとなった。こうして名鉄の助力によって再建が進むことになって、競願問題はようやく沈静化した。市営バスは1960（昭和35）年に却下され、北陸交通は共通の親会社となった名鉄の斡旋で取り下げた。また国鉄は奥能登定観などに縮小、県営バスもかなり県が固執したがやがて取り下げる形となった。しかし近鉄をバックとする北日本観光バスは県内二元化を主張して譲らず、結論が出ないまま10年にわたる長期の争いとなった。1969（昭和44）年にようやく運輸審議会による却下答申で一般路線は取り下げたが、金沢〜山中温泉間急行バスには参入を果たしている。北陸鉄道もこの間、1961年には能登半島定期観光バスを国鉄バスとの接続で運行開始したほか、1964（昭和39）年には金沢〜富来間外浦急行線を開業した。

　なお、1961年には名神高速道路開通をにらみ金沢〜大阪・名古屋間の長距離バスを運行する目的で、北陸鉄道と福井鉄道、京福電気鉄道、福井県バス、名古屋鉄道、京阪バスの6社の出資で北陸急行バスが設立された。

1968年に小松から移転・新設された寺井基地　　1969年の輪島駅前に待機するいすゞBA341

■鉄軌道の廃止とバスの合理化

　1960年代になると、鉄軌道は自動車に押されて利用が減少し、経営を圧迫する存在になっていた。さまざまな合理化も功を奏さず、経営再建を第一とするなかで、北陸鉄道はこの時期、次々と鉄軌道を廃止していくこととなる。トップを切ったのは松金線（松任〜野町）で、1955年11月に廃止された。追って、1962年には粟津線（宇和野〜新粟津）、1965（昭和40）年には片山津線（動橋〜片山津）が廃止となり、金沢市内線も1966（昭和41）〜1967（昭和42）年におよそ半世紀の幕を閉じた。さらに、1968（昭和43）年に石川・浅野川両線を残して鉄道は全廃する経営改善方針が出たのを受けて、1971（昭和46）年には加南線（大聖寺〜山中、河南〜新動橋）と金石線（中橋〜大野港）、1972（昭和47）年には能登線（羽咋〜三明）、1980（昭和55）年には能美線（新寺井〜鶴来）が廃止され、最後に小松線も1986（昭和61）年に廃止となった。また金名線加賀一の宮〜白山下間は災害で休止ののち、1987（昭和62）年に正式に廃止された。これらは、小松線を小松バスが代替したほかは、すべて北陸鉄道が自社のバスで代替し、いよいよ北陸鉄道はバス会社としての色が濃くなっていく。

　こうした動きと並行して、バス部門の効率化も実施された。営業所の統廃合が行われ、金沢地区増強のため柳橋・野々市・西部営業所が新設されたほか、野町などのターミナル整備が進んだ。加賀地区は寺井・山代に、能登地区は輪島・七尾に集約された。1967年になると、ワンマンバスを導入していないのは石川県を含め3県だけとなり、北陸鉄道も、車掌不足もあって1968年から金沢市内平和町線などを皮切りにワンマン化に踏み切った。ワンマン化と前後して、車両は日野・三菱の2メーカーに整理されていくが、金産自動車工業の地元ゆえ、車体は三菱車を含め金産が遅くまで採用された。貸切バスでは、1970（昭和45）年に全国的にも早くサロンカーを導入し、前年に和倉急行線で採用されたクリームに朱帯のカラーを使用、その後は乗合・貸切ともこのカラーに統一されていった。

■生まれ変わる北陸鉄道

　1970年代以降、バス事業は全国的に厳しい状況を迎える。石川県においても例外ではなかったが、北陸鉄道は北陸の中心都市である金沢都市圏をエリアにしていたこともあって、名鉄グループとして立ち直ったあとは順調な推移を見せる。

金沢市内の狭隘路線で活躍したいすゞBA01N　　金産ボディの初期型ワンマンカー日野RE140

　金沢都市圏では、1974（昭和49）年の東部営業所新設によって、営業基盤をより強固にしたうえで路線を再編成し、金沢医科大学や県中央病院、免許センターなど病院や公共施設への乗り入れを積極的に実施した。また工業試験場や四十万地区、大桑団地、辰口ハイタウン、松任・千代野ニュータウンといった人口急増地区へも路線を新設した。1980年代にもこの傾向は続き、団地や大学・高校への路線が充実していく。都市圏輸送用には1977（昭和52）年から中４枚折戸の低床車が投入され、1982（昭和57）年には冷房化を開始、能登・加賀地区とは車両の導入形態が分離していった。一方、過疎路線の多い能登・加賀地区では1981（昭和56）年からフリー乗降制を導入し、順次拡大したほか、1985（昭和60）年からは小型バスの導入が進められた。とくにリヤエンジン小型バス（日野RB）の路線バス仕様は全国の導入第１号であった。また他社の廃止代替バスの運行業務受託も、高松町営バス（国鉄バス）、津幡町営バス（加越能鉄道）で行っている。

　1972年秋に北陸自動車道が部分開通した。これを皮切りに、能登有料道路の開通など石川県の道路網も大きく改善されていった。北陸鉄道では1973（昭和48）年11月、小松空港のジェット機就航に合わせて北陸道経由の小松空港線を開業した。航空需要の増大とともに同路線は系統の拡大、スーパー特急便の新設など、2000年代まで増強が重ねられた。また1979（昭和54）年には能登有料道路の部分開通によって金沢〜輪島間奥能登特急線を試行運行、有料道路全通の1982年に本格運行に移行し、鉄道より速くて安い特急バスとして脚光を浴びた。奥能登特急線はその後増発されるとともに、1990（平成２）年に中能登特急線、珠洲特急

1977年に導入された中４枚折戸の三菱MP117M　　1982年式から冷房装置が搭載された日野RE121

能登のフリー乗降路線で活躍した日野RB115AA

能登有料道路経由の門前急行線の三菱B905N

線、1991（平成3）年に大谷特急線、1992（平成4）年に羽咋特急線、門前急行線、1997（平成9）年に宇出津真脇特急線も加わって充実していった。

■金沢都市圏での新たな動き

　金沢都市圏では1980年代以降、行政とも連携した注目すべき動きが多かった。1984（昭和59）年、全国3番めの「都市新バスシステム」が導入された。車両面ではすでに4枚折ワイドドアが採用されていたのに加え、これを機にメトロ窓、大型方向幕、後面方向幕、ハイバックシートにカーテンなど、ハイレベルなサービスを実現した。また新たにハイグレードバス停やバスロケーションシステムなどが導入された。このとき以来、都市圏でバスを生かすべく、金沢市や石川県もバス優先策などに力を入れる傾向が見られ、バス専用レーンやリバーシブルレーンが拡大されていった。1999（平成11）年度に金沢市が国のオムニバスタウン事業に指定され、後述する取り組みにつながっていく。

　観光都市金沢では、観光シーズンの市内の交通渋滞が激化し、イメージダウンにつながっていた。そこで1988（昭和63）年のゴールデンウィークに北陸自動車道の金沢西IC付近に臨時駐車場を設け、兼六園周辺に向けてシャトルバス「兼六園すいすい号」を北陸鉄道が運行するパーク＆ライド（協力金方式）を試行し、その後、金沢東IC付近の臨時駐車場を追加して、1991年から毎年のゴールデンウィーク期間に本格実施された。他地域からの観光客を対象としたゴールデンウィークのパーク＆ライドに続き、通勤時のパーク＆ライドも1992年から野々市町太

1984年から採用されたメトロ窓の三菱MP218M

日野小型車の「兼六園すいすい号城回りバス」

1994年に導入された日野製ハイブリッドバス

新デザインで登場した三菱製ノンステップバス

平寺と金沢循環器病院にモニター駐車場を設けて試行、1996（平成8）年には野々市のショッピングモールの駐車場などを活用して本格実施に進化している。さらに、2000（平成12）年には終日バス専用レーンなどを組み合わせた金沢市主導の大規模な社会実験に参加している。

　このほか、太陽丘ニュータウンでのデマンドバス導入（医王山線）、空港連絡バスや特急バスの間合運用による通勤快速バスの設定、モーニングダイレクト（学校等直行便）、雨天増発バスといった運行面の工夫も、北陸鉄道主体で活発に行われた。車両面では、1994（平成6）年にハイブリッドバス、1996年にワンステップバス、1997年にノンステップバスが導入された。ノンステップバス導入当初には、朱帯を半円形でつなげたデザインが採用されている。1998（平成10）年にはコストダウンときめ細かな運行を目的に、小型バス「Pettit（プチ）」（日野リエッセ・日産ディーゼルRN）が採用され、ゴールデンウィークパーク＆ライド時の兼六園周辺の回遊バスにも活用された。2000年から現行のフロントが朱1色のデザインへの変更が始まっている。

　1994年には金沢市内を散策する観光客向けに「城下まちかなざわ周遊バス」を運行開始、2000年に金沢3文豪の名を冠したレトロ調の小型ボンネットバスによる新コースを設定し、「城下まち金沢周遊バス」となった。

■高速バス・定期観光バスの拡充

　1980年代後半以降のハイライトは、高速バスへの進出である。1987年7月、名

市内観光に便利な「城下まちかなざわ周遊バス」

1987年に開業した初の高速バス金沢〜名古屋線

金沢市内定観コースに導入された２階建てバス　　能登中央バスが運行した和倉〜輪島間特急バス

古屋鉄道・西日本JRバス、JR東海バスとの共同運行による金沢〜名古屋間高速バスが開業、これの成功を機にその後数年の間、高速バスの開業が続いた。1988年８月には京都線（昼行／京阪バス・西日本JRバスと共同運行）、同年12月に池袋線（昼夜行／西武バスと共同運行、のちにJRバス関東・西日本JRバスが参加）、1989（平成元）年７月には横浜線（昼夜行／相模鉄道と共同運行）、同年12月に山中温泉〜名古屋間（昼行／名古屋鉄道と共同運行）、1990年12月には福岡線（夜行／西日本鉄道と共同運行）、1991年３月には千葉・TDL線（夜行／京成電鉄と共同運行）、同年８月に新潟線（昼行／新潟交通と共同運行）、1992年３月には仙台線（夜行／宮城交通と共同運行）、同年８月に八王子線（昼夜行／西東京バスと共同運行）と相次いで開業、金沢を中心とした高速バスネットワークを構築した。高速バスにはスーパーハイデッカーを使用、名古屋線開業時に日産ディーゼル車を採用し、しばらく継続的に導入したが、のちに三菱・日野も導入し、1990年代後半には三菱が主力となっている。

　定期観光バスは金沢市内と能登半島の２本立てで推移、1980年代まで多様なコース設定とユニークな男性ガイドが好評を博したが、次第にニーズの変化が明らかになり利用が減少した。金沢市内では1991年に２階建てバスを導入するなどの営業強化を行い、新たなコースや商品設定を行った結果、多少回復したが、能登定観は愛称名をつけたり新コース設定を行ったりしたにもかかわらず落ち込みが激しく、1990年代にコースの統廃合やワンマン化、特急バスとの車両共通化などが進められている。加賀地区へは1976（昭和51）年に会員募集形式で運行、1994年から定観バスとなったが利用が伸びず、2007年（平成19）年に廃止された。

■地域分社化のスタート

　一方、能登・加賀地区では利用者減少が続いており、不採算路線を維持するには、より低コストで地域に密着した運営に移行する必要があった。このため過疎路線バスの運営を維持し、貸切バスで増収を図るべく、分社化が進められることになった。1989年に門前管内を分社化して能登中央バスがスタートしたのを皮切りに、1991年に七尾バス（七尾）、1993（平成５）年に能登西部バス（富来）、1994年に加賀温泉バス（加賀）、1995（平成７）年に加賀白山バス（鶴来）と続き、管理委託制も採用されて、能登・加賀地区のローカルは本体を離れた。

1983年から北陸鉄道の子会社となった小松バス

名鉄グループの貸切専業事業者だった北陸交通

　また、もともと尾小屋鉄道のバス事業で1977年の鉄道廃止後はバス専業となって改称した小松バスは、同じ名鉄系の事業者であったが、1983（昭和58）年から北陸鉄道の持ち株比率が高まり、北陸鉄道の子会社となっていた。このため1986年の北陸鉄道小松線の鉄道廃止に伴う代替バスは小松バスが担当、さらに効率化を図るため、1996年には小松地区の北鉄路線の大半を車両・乗務員の一部とも小松バスに移管している。

　貸切バスは1980年代まで成長を続け、車両もデラックス化が進められてきたが、1990年代になると採算性が悪化した。そこで1998年に北鉄金沢中央バスを新設し、金沢地区の一部を移管したほか、中小型貸切バスを運行していた他の分社子会社も、大型認可を得て一部を引き受けている。1999年には奥能登地区の路線を分社するため、かつてレストハウスなどを経営していた子会社の奥能登観光開発にバス事業免許を取得させ、珠洲をベースに路線バスと貸切バスを移管した。2001（平成13）年には柳橋管内の一般路線を分社する形でほくてつバスが発足し、2003（平成15）～2004（平成16）年には本体の金沢都市圏の路線の一部を同社に移管した。また野々市営業所は加賀白山バスに移管され、金沢都市圏の一部も加賀白山バスによる運行となった。

近年

■コミュニティバス事業への参入

　1999年３月、金沢市はコミュニティバス「金沢ふらっとバス」事業の第１号として、金沢駅から都心北部を循環する「此花ルート」を運行開始、北陸鉄道が運行事業者となった。一般路線バスでカバーしきれない城下町の狭隘道路にきめ細かく入り、住民のモビリティを向上させるもので、15分ヘッド・100円運賃を採用した。注目されたのは、市内に代理店があるクセニッツ（オーストリア）の導入によって、初の小型ノンステップバスを走らせたことだった。翌2000年３月には香林坊から都心南東部を循環する「菊川ルート」が運行を開始、2003年３月には武蔵ヶ辻・香林坊から都心東部を循環する「材木ルート」の運行を開始している。その後に追加された「長町ルート」は西日本JRバスの運行となった。「材木

クセニッツで運行された「金沢ふらっとバス」

能登中央バスが運行受託した「のらんけバス」

ルート」まではクセニッツでスタートしたが、のちの代替は日野ポンチョとなっている。

これ以降、石川県内はコミュニティバスや廃止代替による市町村運営のバスが増えていくが、かなり貸切専業やタクシー事業者が受託したケースも多く、北陸鉄道グループは白山市、能美市、羽咋市、七尾市、中能登町、津幡町、志賀町、宝達志水町、輪島市などの全部または一部で運行を受託している。また、小松バスは小松市内のコミュニティバスを受託した。

■のと鉄道・JRバスの廃止代替受け入れ

1987年に国鉄能登線（穴水～蛸島）を転換してスタートし、1991年にJR七尾線の非電化区間（和倉温泉～輪島）を引き受けた第三セクター鉄道ののと鉄道は、マイカー社会のなかで厳しい運営が続いた結果、2001年3月に穴水～輪島間を廃止した。代替バスは能登中央バスが引き受けることとなり、門前・穴水営業所をベースに、穴水～輪島間のローカル便と和倉温泉～輪島間の特急便を運行開始した。輪島市のコミュニティバス「のらんけバス」も、このときの開業である。穴水輪島線には、輪島市と穴水町の総合病院でデマンドシステムが導入された。

翌2002（平成14）年3月末で西日本JRバスが穴水と能登飯田の事業所を廃止、能登半島の路線から撤退した。代替輸送は北陸鉄道グループが県の支援などを受けつつ引き受けることとなり、穴水管内は能登中央バスに、飯田管内は奥能登観光開発に移管された。車両も一部譲渡されている。

2005（平成17）年にはのと鉄道能登線（穴水～蛸島）が廃止となり、代替バスは主に穴水～宇出津間を能登中央バス、宇出津以東を奥能登観光開発が引き受けた。線路が入り組んだルートを通っていたので、並行ルートと短絡ルートを組み合わせ、複数の系統で運行した。これらにより、能登半島の公共交通は北陸鉄道グループに一元化された。

■新たな時代の要請への対応

オムニバスタウン事業の流れのなかで開発が進められてきた非接触ICカード乗車券が、2004年12月に「ICa」の名でスタート、金沢都市圏を中心とする路線バスで利用可能となった。翌2005年には定期券に対応、2007年にはエコポイントを

奥能登観光開発に移籍した西日本JRバスの車両 | 2000年にデザインを一新したノンステップバス

導入した。ハウスカードで全国共通交通系ICカードとは互換性はないが、2018（平成30）年以降、金沢駅西口待合所内の自動券売機、金沢駅東口の交通案内所チケットセンターでは、交通系ICカードでの支払いができるようになっている。

2002年7月には武蔵ヶ辻〜香林坊間の運賃を100円に割引し、利用促進を図ったが、その後、2006（平成18）年2月には期間と利用目標値を決めて旭町〜金沢大学間に100円運賃を導入、「金沢バストリガー方式」として交通関係者には知られるようになった。2003年には石川県庁の移転に伴い、「シティライナー」を運行開始した。これは都心部を経由して新県庁ターミナルと、バスと鉄道のシームレス化を図るジャンクションターミナルとして1987年に完成した野町を結ぶものである。このルートは金沢都市圏の基幹ルートとして金沢市が注目し、その後、連節バスを走らせる社会実験などにも活用されている。

2004年には金沢駅東口の新バスターミナルが供用開始、2005年には金沢の玄関口として観光スポットになった「もてなしドーム」が完成した。2011（平成23）年には金沢駅西口新バスターミナルが完成し、西部地区への路線と小松空港連絡バスなどがこちらの発着となった。

インフォメーションについては、2010（平成22）年11月にビジュアルバスロケーションを導入、2012（平成24）年12月にはスマートフォン向け「北鉄バス時刻表アプリ」をスタートさせた。

■高速バス・特急バスの盛衰

高速バスはその後も、需要が見込める区間には新たな路線展開が行われ、1999年2月には松本線（特急扱い／松本電気鉄道と共同運行）、2000年には高山線（特急扱い／濃飛乗合自動車と共同運行）を開業した。2004年3月にはコスト改善による高速バスの採算性の向上を図るべく、北鉄金沢中央バスの路線として大阪線（昼夜行／阪急バスと共同運行）、富山線（昼行／富山地方鉄道と共同運行）を開設、さらに2010年には高岡線（昼行／加越能鉄道と共同運行）を開業した。高岡線は1991〜1995年の間、一般道区間が長いルートで運行され利用が伸びなかったが、富山線が市街地直行と低価格・フリークエントサービスで好調に推移したため、高速直行型に改善して再登場させた。また、共同運行会社の変更や需要開拓などにより、2007年に横浜線は鎌倉・藤沢に、八王子線は渋谷に延長さ

2000年に運行開始した特急バス金沢～高山線

北鉄金沢中央バスが開業した高速バス富山線

れ、2011年に仙台線は山形経由に、2017（平成29）年には富山地方鉄道を加えて富山経由に変更となった。

　一方、利用者の伸びが少なく、コスト構造上収支改善が難しくなった路線については、休廃止や撤退が進められた。1999年には山中温泉～名古屋間と福岡線から撤退、2000年には千葉・TDL・成田空港線、2007年には京都線と池袋線から撤退した。また松本線も2007年に運行を終了している。さらに、近年は乗務員不足も影響し、縮小の道を歩むこととなった。2017年には横浜・藤沢線が廃止となり、2019（平成31）年には高岡線から撤退、2020（令和2）年には八王子・渋谷線と大阪線から撤退した。

　能登方面についても、2003年の能登空港開港、2011年の能登道路の無料化、能越道の延長などプラス材料はあったものの、その後の能登半島の人口減少などにより利用が低迷した。そのため2019年で大谷特急を中止し、門前急行は富来までに短縮、宇出津・珠洲方面についても系統再編を行っている。

■分社会社の再編と近年の環境変化

　1990年代から取り組んだ分社化は一定の効果を生んだが、取り巻く地域の変化や交通環境の変化により、北鉄グループとしてより効率的かつ効果的な再編が必要となった。そこでまず、2008（平成20）年4月に七尾バスと能登西部バスが統合されて北鉄能登バス（本社＝七尾）となり、能登中央バスと奥能登観光開発が統合されて北鉄奥能登バス（本社＝輪島）が発足した。

　2012年10月には金沢地区のグループの再編が実施され、北鉄金沢中央バス、ほくてつバス、加賀白山バスが合併して北鉄金沢バスが成立した。加賀白山バスは、実質的には野々市営業所を北鉄金沢バスに移管し、残る白山市域の乗合・貸切については北鉄金沢バスの子会社の新・加賀白山バスとして存続した。

　そして2021年7月、加賀地域のグループ乗合・貸切バス事業を効率化すべく、加賀温泉バスが小松バスを吸収合併する形で北鉄加賀バスが発足、本社は旧・小松バスに置かれた。また名鉄グループの貸切専業事業者で、2005年のグループ再編に際して北陸鉄道が全株式を保有することになった北陸交通が加賀白山バスに合併され、社名を北鉄白山バスとした。小松バス、北陸交通の車両、従業員は新会社に移籍し、当面、車両の塗装は旧社のものが残る。

2021年に運行を終了した「兼六園シャトル」　　カーフリーデーの際のトランジットモール

　なお、乗務員不足などによる経営環境の変化により、2019年以降は一部の路線で減便等の措置が行われたほか、「金沢ふらっとバス」は2021年4月から15分ヘッドから20分ヘッドに変更し、「材木ルート」は西日本JRバスに移管した。統合前の小松バスも、小松市コミュニティバス「こまち」の受託を2020年4月に日本海観光バスに移管している。

■新幹線時代の観光金沢への対応

　2015（平成27）年3月、北陸新幹線が金沢まで到達し、金沢のポテンシャルは大きく高まった。外国人を含む観光客は急増し、金沢市内の観光移動も活発化した。北陸鉄道は「城下まち金沢周遊バス」を大型化するとともに一部コースを変更、2014（平成26）年に逆回り（左回りルート）を加え、2008年に運行開始した「兼六園シャトル」とともに観光循環バス二本立てで対応した。金沢市内1日フリー乗車券（2020年から西日本JRバスにも通用）の効果により、一般路線バスの観光利用も多い。なお、機能が重複するため、「兼六園シャトル」は2021年3月に運行を中止している。

　一方、航空便の減少もあり、小松空港連絡バスは2015年10月に直行リムジンバスに一本化されたほか、能登へ足を運ぶ観光客の伸びはあまり大きくなかったため、能登定期観光バスは統廃合を繰り返して、北鉄金沢バスが運行する金沢発の「わじま号」と北鉄能登バスが運行する和倉温泉発着の「おくのと号」、和倉温泉・輪島発金沢までの「あさいち号」に集約されている。貸切バスは北陸交通と小松バスの統合で強化され、営業は北鉄金沢バスに集約された。

　乗務員不足に加え、2020年からのコロナ禍による減収で厳しい時代を迎えてはいるが、広域中心都市かつ観光都市金沢の可能性は大きく、これまでに培われた行政との連携態勢も育てつつ、前向きな挑戦を続けてきた北陸の雄として、グループあげての活躍が期待される。

参考＝『北陸鉄道の歩み』（北陸鉄道30周年記念誌）、『北陸鉄道50年史』、北陸鉄道提供資料

すずき・ふみひこ◎1956年、甲府市生まれ。東北大学理学部地理学科卒業、東京学芸大学大学院修士課程（地理学）修了。以後、交通ジャーナリストとして活躍し、バス・鉄道に関する著書・論文など多数。

北鉄バスのいる風景

text&photo ■ 編集部

幾何学模様のガラス天井「もてなしドーム」が迎えてくれる金沢駅東口は、北鉄バス随一の大ターミナルだ

石川門を見上げて走る「城下まち金沢周遊バス」。市の中心の見どころを一周約40分で結ぶ人気の観光路線

金沢大学病院に乗り入れる「金沢ふらっとバス」。4ルートのうち2ルートを北鉄が金沢市から受託運行

金沢駅を起点に能登半島を巡る定観
「わじま号」。千里浜なぎさドライ
ブウェイ走行はコースのハイライト

波並駅前を通過する穴水宇出津線。
05年に廃止されたのと鉄道能登線に
代わり、内浦の人々の生活を支える

富来から羽咋に向かう富来線。冬場
の強風から民家を守る"間垣"は、
外浦西部に見られる暮らしの知恵だ

北鉄鶴来駅を発車する河原山線。87
年に廃止された北鉄金名線沿いに、
手取湖近くの瀬女（せな）まで走る

開湯1300年の歴史を誇る山中温泉。
その象徴「菊の湯」を横目に、温泉
山中線が栢野（かやの）をめざす

かつて尾小屋鉄道が通っていた金野
町。鉄道代替路線の尾小屋線は、21
年から北鉄加賀バスの路線になった

金沢と能登の "暮らし" を訪ねる

▲ 外浦の棚田「白米千枚田」。日本古来の苗代田を復活させ、種もみから稲作を行っている

◀ (上) 紅殻格子の町家が並ぶ「ひがし茶屋街」
　(下) 今も海水を使い塩づくりをしている塩田

text ■ 谷口礼子　photo ■ 編集部

　北鉄バスが走る金沢と能登の地は、かつて加賀藩の領地だった。日本海に突き出した能登半島を一周しながら、この地に続いてきた歴史と暮らしを垣間見よう。武家屋敷や茶屋街といった町の暮らしから、灯台、塩づくりの海の暮らしまで。鉄道が走らない能登半島の先端部では、浜と浜をつなぎ、海沿いの旧道を行くバスが、地域の人々を支え、日々の暮らしを運んでいた。

たにぐち・れいこ◎1983年、横浜市生まれ。早稲田大学文学部卒業。俳優・ライターとして活動。映画『電車を止めるな！』に出演。

長町武家屋敷跡

乗車路線・区間・時刻・車両

【1日目】
　金沢駅東口10：00
　　　⇩ 30系統／27-368（南部）
　香林坊10：09
　香林坊11：40
　　　⇩ 80系統／38-773（北部）
　橋場町11：47
　橋場町13：42
　　　⇩ 11系統／22-973（南部）
　金沢駅東口13：57
　金沢駅西口14：20
　　　⇩ 珠洲特急／39-847（飯田）
　珠洲鵜飼17：13
　鵜飼駅前17：52
　　　⇩ 穴水珠洲線／31-348（飯田）
　見附島口17：55

30系統	金沢駅東口10：00
	香林坊10：09

藩政時代の町並みに今も続く暮らし

　10時ちょうど発の北鉄バス30系統は５人ほどの乗客を乗せ、金沢駅東口を出発した。ロータリーには赤いカラーリングの北鉄バスが多い。ちらほら見えるJRバスの青との対比が鮮やかだ。

　夏休み真っ盛り。本来なら日本全国、さらに世界から旅行客が押し寄せるこの金沢のはずである。が、石川県にもまん延防止等重点措置が発出され、「城下まち金沢周遊バス」が運休している金沢の街に、観光客の姿は少ない。駅からの一般路線バスには、地元の買い物客が乗り降りする姿が見られた。午前中の涼しいうちに買い物を済ませようというのだろう。取材で金沢に長逗留している加藤編集長によると、毎日晴れて暑い日が続いているという。車窓に映る街は青空と強い日差しの下、街路樹の緑がまぶしく光っている。今日も暑くなりそうだ。

　香林坊のバス停から坂を下り、「長町武家屋敷跡」を訪れた。現代風の街角をひとつ折れると、土塀、石垣、石畳の町並みが現れる。藩政時代からの武家屋敷の面影を残しながら、今も住民が実際に暮らす生きた町である。土塀の柔らかい黄色は目に優しく、強い日差しが和らぐようだ。向かいからやってくる人の日傘が風流で良い。路地を吹き抜ける風が心なしか涼しく感じられ、ふと塀に手を添えてみると、壁土は体温より温かく、外気の熱を吸い込んでいるようだった。これも暮らしの知恵なのだろうか。

▼ 金沢駅東口から30系統で香林坊へ。藩政時代の面影が残る「長町武家屋敷跡」を歩く

武家屋敷の静かな一角、緑の美しい庭園を見ながら食事・喫茶をいただける「おいしいいっぷく鏑木」で「冷やしクリームぜんざい」（加賀棒茶つき1,000円）を。ここは1822（文政5）年開業の久谷焼窯元「鏑木商舗」の店舗。鮮やかな九谷焼の器で供される冷たいソフトクリームと茎ほうじ茶の香りで、加賀へ来たことを実感した。

▲ 武家屋敷の一角で庭園を見ながらひと休み

▼ 80系統で橋場町に移動。「ひがし茶屋街」の入口にレトロな店を構える「自由軒」へ

ひがし茶屋街

80系統	香林坊11：40
	橋場町11：47

11系統	橋場町13：42
	金沢駅東口13：57

芸妓さんのハイカラご飯と茶屋建築

香林坊のバス停には液晶ディスプレイの電光掲示板があり、バスの接近や車内の混雑状況が表示され、便利である。柳橋行きの80系統に乗り込むと、買い物の人、家族連れで座席がほどよく埋まっていた。北鉄バスは中乗り、後払い。今回は「金沢市内1日フリー乗車券」（600円）を利用しているが、フリー乗車券を利用する際も、乗車時に整理券をとる必要がある。長距離を走り、市外からやってくるバスが多いため、整理券を見せることで乗車地の証明をすることができるのだ。

橋場町で降り、「ひがし茶屋街」へ足を向けた。街の入口にあたる場所に1909（明治42）年から店を構えている洋食屋「自由軒」のレトロな店構えが目を引く。"自由"を店名に掲げるあたりが時代を感じさせるではないか。散策前に昼食をとることにした。私が注文したのは一番人気の「オムライス（醤油ベース味）」（830円）である。

この店は芸妓さんが出勤前に立ち寄る食事処として長く親しまれているそうで、そんなときに食べるであろうファストフードを選んだ。しばし待つと、お皿の真ん中に堂々と鎮座する、薄焼き卵で包まれた特大のオムライスが登場した。スプーンでパンパンのオムライスの腹をそっと破ると、艶やかな茶色のご飯が顔を出す。醤油で煮込んだ牛肉と豚肉をライスとともに炒め合わせたもので、少しコンビーフご飯に似ている。ひと昔前のハイカラといった雰囲気に、亡くなった祖母の料理をふと思い出し、懐かしくなった。

▲ 人気メニューの「オムライス（醤油ベース味）」と「昔のカツ丼」。どちらも出勤前の芸妓さんが注文するファストフードだ

▼ 1階の階高が低い独特の建物が並ぶ「ひがし茶屋街」。「志摩」の2階の客間を見学

茶屋街には浴衣を着た若者たちが散策に訪れ、細かい格子窓の並ぶ茶屋建築の街並みを背に、お互いに写真を撮り合っていた。1軒のお茶屋「志摩」が内部を公開していたので、見学に上がった。1820（文政3）年の茶屋街創立当初そのままの姿を残す貴重な建物で、国の重要文化財に指定されている。階高が低くつくられた薄暗い1階と、客間として使われた天井の高い2階との差がおもしろい。住居として使われることはないため、間仕切り壁や押し入れはない。お客が床の間を背にして座ると、正面にある控えの間がステージのように使われ、遊芸が披露される。琴や舞、三味線だけでなく、茶の湯や俳諧など多彩な遊びの場となる茶屋を訪れるお客には、金銭的な裕福さはもちろん、芸術を理解できる高い教養が要求された。茶屋通いの旦那衆は、野暮だと思われないよう自ら芸事を習い、粋を身につけたという。

往時はこのような茶屋が120軒ほど建ち並び、街には常に謡や三味線の音が聞こえたそうだ。街はずれにある菅原神社は、芸妓たちの鎮守の神様であ

▲ 芸妓たちの鎮守・菅原神社と家々の玄関先に吊るされている長谷山観音院の「門守」

▼ 11系統で金沢駅に戻り珠洲特急に乗り換え

る。日々のお座敷の前に、彼女たちは神様にどんなお願いをしたのだろう。

茶屋街を歩くと、家々の玄関先に吊るされたとうもろこしが気になった。これは「門守（かどもり）」と呼ばれる風習で、「ひがし茶屋街」の奥にある長谷山観音院で祈祷を受けたとうもろこしを魔除けとして軒先に飾るのだという。豆が多いことから「まめまめしく健康に働ける」「子孫繁栄」、ふさふさとした毛が「儲け」「厄除け」につながるといわれる。とうもろこしのお守りは、全国的にも珍しいだろう。

「橋場町」と名のつくバス停は複数ある。金沢駅行き北鉄バス11系統の停まるバス停は、浅野川大橋を渡った先にあった。危うく乗り遅れそうになった私たちは、汗を拭きながらバスに乗り込んだ。冷房の効いた車内に思わず、「ああ、涼しい」とつぶやく。金沢は駅に近い街の中心部にも古い商家が多く残る。行きとは違う道沿いの景色を楽しみながら駅に戻った。

珠洲温泉

珠洲特急	金沢駅西口14：20
	珠洲鵜飼17：13
穴水 珠洲線	鵜飼駅前17：52
	見附島口17：55

珠洲特急の車窓風景と能登線廃駅探訪

金沢駅西口にまわり、北鉄グループ案内所で、穴水まで 1,930 円の乗車券を購入する。西口の「能登特急バスのりば」で待つと、行き先を「珠洲」と掲げた観光タイプの大型バスがやってきた。「ここからは海の景色がきれいですよ」という加藤さんのアドバイスで、進行方向左側、前方の席を選ぶ。

15人ほどのお客が乗り込み、定刻で金沢駅を出発した。バスは左の車窓に日本海を映しながら、のと里山海道を北へひた走る。松林と白い砂浜の向こうには、青い海と青い空。少しずつ午後の色を含み始める太陽の光が、波にきらめいて美しい。出発から約1時間の志雄ＰＡでトイレ休憩。羽咋川の河口を過ぎ、目に入る土の色にふと違和感を覚えた。関東と違い、かなり黄色っぽい黄土色をしている。そういえば金沢の武家屋敷跡の土塀も黄色だった。地質の違いが風景を変えるのだ。

のと里山海道は西の海沿いを離れ、半島の付け根を横断し始める。窓が締め切られているにもかかわらず、窓際に座る私の耳にはセミの声がひっきりなしに聞こえていた。道路沿いの温度計によると、ただ今の気温は30℃。16時近いというのに、まだ暑さは収まらないらしい。やがてバスは、午睡の乗客を乗せ、川沿いの杉林の山道を下った。大きな特急バスには不似合いな山あいの町である。細く曲がりくねった道をゆっくり走り、穴水駅前に到着。私は車内で「奥能登まるごとフリーきっぷ」（2日間有効・3,000円）を取り出した。ここからは、この切符のフリーエリアに入る。販売箇所が限られているため、今回は事前に加藤さんが用意してくれていた。17時過ぎ、運転士さんに乗車券とフリー切符を合わせて提示して、ヒグラシの声が降る珠洲鵜飼のバス停に降り立った。田んぼにはまっすぐに伸びた緑の稲が美しい。

乗り継ぎのバス停は、のと鉄道能登線の廃駅・鵜飼駅前にあった。駅舎は今もカフェとバス待合室として利用されている。駅裏手に2005（平成17）年に廃止された鉄道のホームと線路、構

▲ 珠洲特急は日本海を車窓に見ながらのと里山海道を快走。およそ3時間で珠洲鵜飼へ

▼ のと鉄道能登線の鵜飼駅跡まで歩き、夏草に覆われた構内を見学。穴水珠洲線のバスで水田のなかを走り、見附島口で下車する

▲ 「珠洲温泉のとじ荘」で見附島を見ながら露天風呂に浸かり、新鮮な刺身や能登牛の陶板焼きをつまみに奥能登の地酒を味わう

▼ 弘法大師が見つけたことから名づけられた見附島。干潮時には近くまで歩いていける

内踏切の跡がそのまま残り、今は夏草に覆われていた。ロータリーや自転車置き場が鉄道駅の面影を残し、色あせた駅前タクシーの看板はやや寂しさを感じさせる。まぶしい西日を遮る駅舎の影に入り、コンクリートに腰かけてバスを待つと、夕風が心地良かった。

鵜飼駅前からは北鉄奥能登バスの中型バスに、2つ先の見附島口まで乗車した。神奈中バスの中古車で、ピンク色に灯る懐かしいタイプの降車ボタンが活躍している。バスを降りるころには、見渡す限りの水田を夕日がオレンジ色に染めていた。

| 穴水 珠洲線 | 見附島口 8：50 すずなり館 9：17 |

能登の味と幻想的な見附島に旅を満喫

「珠洲温泉のとじ荘」は、海を目の前にした絶好の立地である。朝からの暑さにすっかり汗みどろの私はまず温泉へ。汗を洗い流してから、館内レストラン「漁火（いさりび）」で夕食だ。前菜のサザエの旨煮、タコやわらか煮、イカの塩辛は、さあお酒を飲んでくれと言わんばかりである。私と加藤さんは奥能登最古の酒蔵「宗玄酒造（そうげん）」の地酒飲み比べセットから好みの純米酒「能登乃国」を発見。新鮮なお刺身や能登牛の陶板焼きとともに能登の味を堪能した。

露天風呂は男女日替わりで、女湯は24時までというので、夜の露天風呂に足を運ぶと、ライトアップされた見附島が幻想的に海に浮かんでいる。見上げた空には満天の星が輝いていた。浜辺に打ち寄せる波の音を聞きながら、赤く明滅する灯台の明かり、遠くに消えゆく沖合の船の灯を見ていると、普段の生活のなかでは得難い感情が胸の奥からこみあげてくる。自分が旅その

ものになり、旅のなかに全身を投げ出しているようなときを過ごした。

　翌朝は８時過ぎに出発。すでに30℃を超えるかという暑さにたちまち汗だくだが、見附島の近くまで行ってみようと、浜に降りた。別名"軍艦島"とも呼ばれるこの島は、まわりに島影が見えないなかに突如そびえたつ不思議な景観の名勝である。水平線に白い入道雲が湧いている。ときおり鼻をかすめるイチジクの香りにあたりを見回すと、まだ青い実をたわわにつけたイチジクの木が浜辺の家に植わっていた。

　見附島口のバス停から終点のすずなり館までバスに乗る。今日も「奥能登まるごとフリーきっぷ」を使おう。能登の家々の瓦は、どこも黒くてピカピカに光っている。これは能登で明治ごろから流行した瓦で、釉薬（うわぐすり）にマンガンを使っていて、潮風にも強いという。「すずなり館」は、のと鉄道能登線の珠洲駅跡に建つ道の駅だった。国鉄時代からのホームが記念碑的に整備されている。能登線全通の年「1964」という数字が刻まれたホーム上に立つと、今にも列車がやってきそうな錯覚に陥り、しばし鉄道の残り香に浸った。

禄剛埼

| 木の浦線 | すずなり館９：53
狼煙10：42 |

旧国鉄バスの路線で半島の先端へ到達

　すずなり館のバス停でおばあさんが１人、バスを待っていた。「暑いですね」と声をかけると、「暑いねえ」と返ってくる。お互い気をつけましょうと別れ、狼煙（のろし）行きに乗り込んだ。これはかつて国鉄バスだった路線である。

▼ 穴水珠洲線で珠洲駅跡の「すずなり館」へ

▲ 地元の人たちと一緒に木の浦線に乗車。浜辺の集落の旧道をたどり狼煙まで運ばれる

▼ 息を切らしながら階段を上り詰めると、輝くように白い禄剛埼灯台が出迎えてくれた

能登半島先端の狼煙をまわり、国鉄七尾線が到達していた輪島駅まで、半島をぐるりと国鉄バスがつないでいた。岬をめざすバスに心が躍る。今日も海を見ていこうと、進行方向右側の席に座った。3〜4人のお客が乗り、珠洲の町なかをまわってさらにお客を乗せた。珠洲は大きな町で、住宅や商店が道沿いに長く続いている。能登線の終点だった蛸島（たこじま）を過ぎると、住宅の数がやや減り、緑が増えてきた。道は浜にさらに近づき、狭くなってきたようだ。鉢ヶ崎から先はフリー乗降区間である。乗客が大きな声で「その先でお願いします」と運転士さんに告げ、降りた目の前の家に帰っていく姿も見られた。旧道を行くバスは、地域の暮らしと密接に結びついているのだ。

「狼煙」という地名は、古くから海運の要衝であり、灯台がない時代は狼煙を上げて海の道を示したことによるという。近代になって整備された「禄剛埼（ろっこうさき）灯台」へは、狼煙のバス停から10分ほど階段と山道を上っていく。加藤さんと私は、息を切らしながら階段を踏んでいった。木陰があればありがたいが、それにしてもひどい暑さである。

しばらく上ると、視界が開けた。真っ青な空の下の真っ青な海に思わず歓声を上げる。高台の頂上で、夏の日差しを受けて輝くように白い灯台が、私たちを出迎えていた。能登半島最北端のこの岬は、内浦と外浦の接点にあたり、海から昇る朝日と海に沈む夕日の両方が眺められるという。地図を見るにつけ、ここに行ってみたいと憧れが高まる「日本の端っこ」のひとつに、自分の足で立っているという満足感があった。今は無人だが、1963（昭和38）年までは灯台守が常駐していたと

いうこの灯台の歴史も興味深い。

珠洲塩田村

大谷線B	狼煙11：15
	珠洲塩田村11：55

伝統的な塩づくりの暮らしを学ぶ

　狼煙から乗った曽々木行きは、ワンステップの古い中型バスだった。座席のシートは青で、白いカバーがついている。「国鉄バスのような色使いでいいですね。もと国鉄バスの路線にぴったりです」と加藤さんは嬉しそうだ。

　相変わらず右窓には浜の景色が広がる。外浦に出たからか、海と岩がやや荒々しく感じられる。波は穏やかで、水が透き通るほどきれいだった。バスは浜から浜へ渡っていく。少しずつ砂の色や岩の形が違う浜が、隣り合って続いていた。笹波口という、「さざなみ」を思わせる名の停留所を過ぎたあたりで、加藤さんが車窓を指さした。見ると、海沿いで塩をつくる工場の煙突が煙を上げている。塩田地帯にやってきたのだ。すぐに道路沿いにも塩田が並ぶようになった。真っ黒に日焼けした人たちが海水を塩田にまいている。私たちは珠洲塩田村で降車した。

▲ 狼煙から大谷線B曽々木行きに乗車。青いモケットに白いカバーがついた座席は、かつてここを走っていた国鉄バスのようだ

▼ 珠洲塩田村で下車。道の駅で「塩むすび」を買い求め、海を見ながら頬張ってみる

　「珠洲塩田村」は、道の駅となっている。ちょうどお昼どきなので、道の駅の「塩むすび」（250円）で昼ご飯にした。加藤さんが、酒のつまみにと「すずなり館」で買った干し鱈と黒ごまいわしを取り出し、一緒に食べると、これが立派なおかずになった。もちろん缶ビールにもベストマッチであった。窓の外に広がる海の風景を見ながらの昼食は、贅沢このうえない。

　道の駅に併設された資料館では「揚

▲ 道の駅に併設された資料館で揚浜塩田について学んだあと、天秤棒の重さを体験した

▼ 珠洲塩田村から大谷線A町野行きに乗車。広い水田脇に立つ上時国のバス停で降りる

浜式」と呼ばれる能登の伝統的な塩づくりについて学ぶことができる。1958（昭和33）年に撮られたという揚浜塩田の記録映像を見ると、当時の塩づくりは夜通し行われる重労働だったようだ。昼間に天秤棒で海水を運んできては塩田にまき、塩分を含んだ砂を集めてさらに濃い海水を取り出す。夜は塩釜で煮詰めて塩をとる。これを一家総出で行う大変な生活が、約60年前の奥能登の人々の暮らしであった。当時と同じ方法でつくる「揚げ浜塩」が、今もこの地域の特産品である。私は塩の小袋をひとつ、お土産に求めた。

上時国家

| 大谷線A | 珠洲塩田村13：01
上時国13：14 |

配流の地で子孫が守った家柄と血筋

　珠洲塩田村のバス停は、遮るもののない直射日光の下に立っていた。塩田の水分を蒸発させる強い日差しが頭上から容赦なく降り注ぎ、クラクラしてくるほどである。やってきたバスに乗れただけでほっとした。乗客は麦わら帽子のおばちゃんと中学生、そして、迷い込んだハエが1匹である。先ほどのバスの終点・曽々木を越えて、上時国<ruby>かみとき<rt></rt></ruby>まで。広い水田脇のバス停に私たちを残し、バスは颯爽と去っていった。

　大きな看板に「国指定重要文化財・名勝（庭園）上時国家」とある。門へ続く急な坂道を上ると、巨大な茅葺き住宅が姿を現した。約830年前、平清盛の義弟の時忠は、壇ノ浦での平家滅亡ののちに能登へ配流となり、その子の時国が近隣の村々を統治するようになった。時国家は江戸時代には大庄屋

を務め、名字帯刀を許されたという。200年ほど前に築かれた現在の屋敷は、総けやきづくりの立派なもので、襖には金箔で平家の定紋である「丸にあげは蝶」が描かれている。広くて天井の高い部屋のつくり、みごとな透かし彫りの欄間や調度品の豪華さに驚いた。あの平家物語の血筋が能登でつながれていて、現在は25代目にあたるご当主が健在だという。家を守るということはどんなに大変で覚悟のいることだろう。代々伝わる宝物が展示された部屋を見ながら、家と血筋を受け継ぎ、守ってきた人たちの暮らしを想像する。

縁側に腰を下ろすと、涼しい風が吹いてきた。暑い夏の日でも風通しが良く過ごしやすいのは、さすが日本の住宅である。関東から来ました、と自己紹介した私に、親切な受付の女性が話しかけてくれた。「都会から来ると、この辺の自然がいいと思うものなの? 私は生まれたときからずっとここだから、こんな自然はあたり前で。この歳になっても東京に行くとなるとウキウキするの」──ディズニーランドの大ファンだが、しばらく東京に出かけられていないことが残念だという。私は答えた。「私、高校生のときに初めて日本海を見るまで、海が青いのを知りませんでした。みんな海を青の絵の具で描くけど、あれはきれいに見せるためだと思っていたんです。私が生まれ育った神奈川の鎌倉の海は、波が黒くて、砂も黒ずんでいるから。でも日本海は青いし、砂浜は白かった。だからびっくりして感動したんです。能登の海も真っ青でうらやましくなります」。

隣の芝生は青いというが、まさにそれを地で行く会話であった。今日は能登でも特別暑い日だという。「お気を

▲ 能登に配流になった平時忠の子の時国を祖先とする上時国家。200年ほど前に建てられた屋敷に上がり、大納言の間などを見学

▼ 上時国から町野線輪島駅前行きに乗車。車内には下校の高校生たち3人の姿があった

▲ 車窓に「白米千枚田」を見ながら輪島駅前に到着。ここも駅跡が道の駅になっている

▼ のと鉄道七尾線を偲ぶモニュメントを見学し、穴水輪島線で能登半島一周を達成した

つけて」「どうぞお元気で」と言い合い、大きな玄関から一歩外へ出た。すぐに汗が噴き出してくる暑さである。

町野線	上時国14：30
	輪島駅前15：04
穴水 輪島線	輪島駅前15：10
	穴水駅前16：03

北鉄バスで巡る能登半島一周を達成

　炎天下の救世主、バスの冷房にひと息つきながら輪島をめざした。新車の中型バスに乗っているのは高校生が3人。ここまでくれば、海の見える右の窓際が私の指定席である。午後の海は水平線が少し煙って見えるようだ。この町野線には、停留所の案内放送に観光アナウンスが入っていて、車窓を見ながら楽しめる。棚田の景観が有名な「白米千枚田」も車窓から楽しんだ。

　輪島では短い乗り換え時間の間に、のと鉄道七尾線輪島駅跡（2001（平成13）年廃止）のモニュメントを見て、駅前の鉄道駅感を探して、と忙しく歩きまわった。「輪島駅」は鉄道の駅から道の駅に生まれ変わり、今も健在であった。輪島の街をもう少しゆっくり味わいたかったなと後ろ髪をひかれながら、今回の旅最後のバスに乗り込んだ。輪島駅前発、穴水駅前行きが走り出す。これで2日間かけた能登半島一周が達成されるのだ。

　バスは海に別れを告げ、河原田川をさかのぼっていく。七尾線の廃線跡をかすめながら、穴水駅へと向かっていった。高い山のない能登とはいえ、内陸部は森の緑がうっそうと折り重なっている。傾き始めた日差しが、あの黒い瓦を光らせる。まもなく立秋を迎える晩夏の能登であった。

〔2021年8月4～5日取材〕

BUSJAPAN HANDBOOK SERIES

No	タイトル（その他の収録事業者）	発行年
S89	東武バス・東野バス（グループ６社）	2015年発行
S90	越後交通（グループ２社）	2015年発行
S91	朝日バス（グループ８社）	2016年発行
S92	奈良交通（グループ１社）	2016年発行
S93	福島交通	2016年発行
S94	箱根登山バス・東海バス（グループ６社）	2016年発行
S95	広電バス（グループ１社）	2017年発行
S96	関鉄バス（グループ３社）	2017年発行
S97	名鉄バス（グループ２社）	2017年発行
S98	小田急バス・立川バス（グループ２社）	2018年発行
S99	小湊バス・九十九里バス	2018年発行
S100	北海道中央バス（グループ３社）	2018年発行
V101	京阪バス（グループ２社）	2019年発行
V102	京成バス（グループ６社）	2019年発行
V103	新潟交通（グループ２社）	2020年発行
V104	阪急バス（グループ２社）	2020年発行
V105	岩手県交通	2021年発行
V106	西日本JRバス　中国JRバス（グループ２社）	2021年発行
V107	北陸鉄道（グループ５社）	2021年発行
V108	那覇バス　琉球バス交通	次回刊予定

定価1,100円（本体1,000円＋消費税）
送料　180円（１〜３冊）　360円（４〜６冊）

【ご購読方法】
ご希望の書籍のナンバー・タイトルを明記のうえ、郵便振替で代金および送料を下記口座へお振込みください。折り返し発送させていただきます。
　郵便振替口座番号：00110-6-129280　加入者名：BJエディターズ
※お申し込みの際には、必ず在庫をご確認ください。
※在庫および近刊、取扱書店等の情報は、ホームページでもご覧いただけます。

BJハンドブックシリーズ V107

北陸鉄道

ISBN978-4-434-29498-3

2021年10月１日発行
編集・発行人　加藤佳一

発行所　BJエディターズ　☎048-977-0577
〒343-0003　埼玉県越谷市船渡360-4
URL　http://www.bus-japan.com
発売所　株式会社星雲社　☎03-3868-3275
　　　　（共同出版社・流通責任出版社）
〒112-0005　東京都文京区水道1-3-30
印刷所　有限会社オール印刷工業

終点の構図

| ハニベ前
| HANIBE-MAE

　JR小松駅を出たバスは、北陸本線の高架をくぐって住宅街を東へ。八幡バス停を過ぎると、右手に「小松市登窯展示館」があり、斜面の連房式登窯を保存する独特な建物が目に入る。山中で古九谷焼が途絶えて約90年後の1811（文化8）年、小松で良質な陶石が産出。現在の九谷焼につながる歴史が始まり、多くの陶器所がここ八幡で開窯した。やがて機械化が進んで登窯は姿を消していったが、最後のひとつがこの展示館に保存されているのである。

　その先、バスは4車線の国道360号を快走。軽海バス停を過ぎたところで左折し、かつての北鉄小松線終着駅・鵜川游泉寺があった集落を通過する。まもなく左の山裾に銅製の巨大な仏頭が見え、終点のハニベ前に到着した。

　小松の隣に位置する鵜川は、陶石ではなく凝灰岩の産地。石材を切り出した跡の長い横穴が、いくつも残っているという。そのひとつを利用し、1951（昭和26）年に開洞されたのが、ハニベ巌窟院。巨大な仏頭の下の夏でも冷ややかな洞窟の奥に、おびただしい数の彫像が並び、鬼気せまる地獄の風景が展開する。近年は怖いもの見たさにやってくる若者も少なくないそうだ。

〔2021年8月2日取材〕

text&photo ■ 加藤佳一

北鉄バスの路線エリア

圏飯田支所■

■圏本社・輪島営業所

圏穴水支所

圏宇出津支所

圏富来車庫■

圏本社・七尾営業所■

圏羽咋営業所■

【高速バス・特急バス・空港連絡バス】
金沢駅東口～名鉄ＢＣ
金沢駅東口～仙台駅東口
金沢駅東口～万代シティＢＣ
金沢駅東口～白川郷～高山濃飛ＢＣ
兼六園下～富山駅前
金沢駅西口～輪島マリンタウン
金沢駅西口～すずなり館
金沢駅西口～能登町役場前～すずなり館
金沢駅西口～高浜～富来
兼六園下～山中温泉菊の湯前
金沢駅東口～一の瀬
香林坊～金沢駅西口～小松空港